computer compact

Richard G. Peddicord

LOGO

Einführung in die populärste Lernsprache

Printed in Germany · 2/85 · 1. Auflage · 118
© 1984 by Alfred Publishing Co. Inc.
© 1985 der deutschen Ausgabe bei Wilhelm Goldmann Verlag, München
Umschlaggestaltung: Design Team München
Übersetzung: A. P. Zimmermann
Konzeption und Redaktion: topic GmbH, München-Karlsfeld
Herstellung: Hubert K. Hepfinger / Peter Sturm
Satz: fb Werbeservice, München
Druck: Presse-Druck Augsburg
Verlagsnummer: 13122

ISBN 3-442-13122-7

INHALT

1. EINLEITUNG — 7
2. LOGO – EINE MODERNE PROGRAMMIERSPRACHE — 8
3. ARBEITEN MIT DEM "TURTLE" — 9
4. WIEDERHOLUNG VON KOMMANDOS — 17
5. PROCEDUR — 20
6. PROCEDUR MIT EINGABE — 25
7. DER EINSATZ VON FARBEN — 29
8. SICHERN EINER PROCEDUR — 32
9. MATHEMATIK UND ARITHMETIK — 36
10. REKURSIVE PROCEDUREN — 40
11. DER LEHRSATZ DER TURTLE-REISE — 45
12. WORTE UND LISTEN (TABELLEN) — 53
13. DAS ARBEITEN MIT WORTEN UND LISTEN — 58
14. WEITERE MOEGLICHKEITEN MIT WORTEN UND LISTEN — 62
15. GEOMETRISCHE KOORDINATEN — 67
16. DAS SICHERN VON ZEICHNUNGEN — 73
17. EINIGE LUSTIGE PROCEDUREN — 75
18. WIE ES WEITERGEHT! — 78

1. Einleitung

Dieser Band aus der Reihe »Goldmann computer compact« ist speziell für Kinder im Alter zwischen neun und vierzehn Jahren gedacht. In diesem Alter sind Kinder am besten in der Lage, von den Anforderungen zu profitieren, die eine Computersprache wie LOGO an ihr sich bildendes Abstraktionsvermögen stellt. LOGO wurde von Pädagogen und Psychologen entwickelt; die Sprache zeichnet sich deshalb nicht nur dadurch aus, daß der Anfänger sehr schnell damit Programmieren lernen kann, sondern auch dadurch, daß sie die Fähigkeit fördert, Sachverhalte in logische Probleme und Zusammenhänge zu zerlegen. Da Kinder auf diesem Gebiet eine sehr große Kreativität besitzen und für Probleme, die sie interessieren, außer Phantasie in der Regel auch sehr viel Geduld aufbringen, unterstützt LOGO sie in diesem Vermögen.

Die vorliegende Einführung in LOGO ist selbstverständlich auch für Erwachsene geschrieben und stellt eine ideale Einführung in diese Programmiersprache dar, vor allem für Eltern, die LOGO zusammen mit ihren Kindern erlernen wollen.

LOGO gibt es in verschiedenen Versionen für die meisten Computermodelle, wie APPLE II, IBM PC, Commodore 64, für Modelle von Atari und Sinclair, um nur einige zu nennen. Die Basiselemente von LOGO sind in allen Versionen identisch; da aber die verschiedenen Computer auch unterschiedliche Funktionen aufweisen, war diese Aufspaltung in mehrere LOGO-Versionen oder -Dialekte notwendig. Die vorliegende Einführung kann für alle genannten Computermodelle verwendet werden. Es wird sich in Zweifelsfällen aber nicht vermeiden lassen, das jeweils mit den entsprechenden LOGO-Versionen mitgelieferte Handbuch zu Rate zu ziehen.

2. LOGO – Eine moderne Programmiersprache

LOGO ist in seiner Struktur weniger daran orientiert, wie der Computer ein Programm verarbeiten kann, sondern daran, wie der Mensch Probleme löst, wie er Sachverhalte einer logischen Ordnung unterwirft. Daraus resultiert vor allem die Benutzerfreundlichkeit dieser Sprache, die zudem nur einen kleinen Hauptspeicher benötigt, so daß es problemlos auf den verbreiteten Mikrocomputern laufen kann. LOGO wurde am Massachusettes Institute of Technology (MIT) entwickelt und zählt zur Gruppe der LIST PROGRAMMING LANGUAGES, der »listenverarbeitenden Sprachen«. Das bedeutet, daß Befehle aus einer Liste abgearbeitet werden, und läßt sich vergleichen mit menschlichen Strategien zur Problemlösung: Um eine große Aufgabe bewältigen zu können, zergliedert man sie in mehrere kleine. LOGO verfügt dazu über ein besonderes Verfahren, die PROCEDURen. Jede PROCEDUR stellt eine Auflistung von Befehlen dar, die LOGO nacheinander durchführt. Viele PROCEDUREN sind für den Benutzer bereits geschrieben und durch die Eingabe ihres Namens abzurufen, andere müssen vom Benutzer entsprechend seinen Bedürfnissen und Ansprüchen selbst verfaßt werden.

Die vorliegende Einführung behandelt zunächst die Arbeit mit dem TURTLE, stellt dann PROCEDURen vor und gibt einen Überblick über die Möglichkeiten, die LOGO bietet.

3. Arbeiten mit dem »TURTLE«

Dieses Kapitel erklärt folgende Kommandos:

DRAW	Zeichnen
CLEARSCREEN (CS)	Löschen des Bildschirms
RIGHT (RT)	Rechts
LEFT (LT)	Links
FORWARD (FD)	Vorwärts
BACK (BK)	Rückwärts
PENUP (PU)	Stift nach oben
PENDOWN (PD)	Stift nach unten
HIDETURTLE (HT)	Löschen des TURTLE
SHOWTURTLE (ST)	Anzeige des TURTLE

LOGO ist eine Sprache mit verschiedenen Untersystemen, die jeweils auf bestimmte Aufgaben spezialisiert sind. Einige sind für das Rechnen zuständig, andere für das Schreiben oder das Zeichnen. Eine der auffälligsten und zugleich vorteilhaftesten Besonderheiten von LOGO stellt der TURTLE dar (deutsch: Schildkröte), mit dessen Hilfe sich in LOGO Computergraphiken auf leichte Weise erzeugen lassen.

Der Ursprüngliche »MIT-TURTLE« war nichts anderes als ein runder Roboter von der Größe einer Schildkröte. Er verfügte über einen Zeichenstift, den er auf- und abbewegen konnte, sowie über Räder, mit denen er auf dem Papier herumfuhr (siehe Abb. 3.1.).

In den meisten Versionen von LOGO wird die »Schildkröte« als kleines Dreieck am Bildschirm erzeugt, das sich aufgrund einfacher Befehle bewegen läßt. Die verschiedenen Computerhersteller haben für den TURTLE auch ver-

schiedene Bezeichnungen und Darstellungen gefunden, weshalb wir weiterhin einfach vom TURTLE sprechen.
Bei allen Varianten aber kann man auf leichte Weise die Bewegungsrichtung steuern.
Um mit dem TURTLE zu arbeiten, muß nun dieses Zeichen mit der Spitze, dem Kopf, nach oben in die Mitte des Bildschirmes gebracht werden. Gib nun über Deine Tastatur das Kommando

DRAW (oder bei APPLE-LOGO) CS

ein und drücke anschließend die RETURN- oder ENTER-Taste. Der Bildschirm wird gelöscht und in seiner Mitte erscheint das TURTLE. Geschieht dies nicht, so wiederhole einfach die Eingabe des Kommandos. Nützt auch dies nichts, so wendest Du Dich an jemanden, der sich mit Deinem Computer auskennt. Besitzt Du einen APPLE-Computer, so mußt

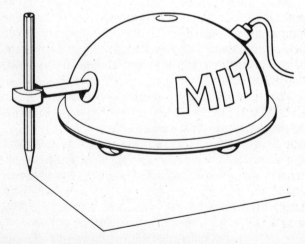

Abb. 3.1.: Der ursprüngliche »MIT-TURTLE«.

Du das Kommando (CS) anstelle von (DRAW) eingeben.
Bei einem ATARI-Computer mußt Du statt der RETURN-
die Enter-Taste drücken.

Mit zwei Kommandos kannst Du nun den TURTLE um
seine Achse bewegen: LEFT (LT) dreht den TURTLE nach
links, RIGHT (RT) nach rechts. Um eine Drehung von 90
Grad nach rechts zu machen, gib

RIGHT 90

ein und drücke die RETURN-Taste. Du wirst sehen, der
TURTLE dreht sich um 90 Grad im Uhrzeigersinn.

Die meisten Kommandos in LOGO können auch abge-
kürzt verwendet werden, wodurch sie leichter und schnel-
ler einzugeben sind. Du kannst Deinen TURTLE wieder
nach oben zurückdrehen, indem Du das Kommando

LT 90

Damit LOGO Dich auch versteht, mußt Du am Ende jedes
Kommandos die RETURN- (oder ENTER-) Taste drücken.
Auch ist es unbedingt notwendig, zwischen dem Kom-
mando und der darauffolgenden Zahl eine Leerstelle
(BLANK) zu lassen.

Die Zahl hinter dem LEFT- und RIGHT-Kommando gibt
den Drehungswinkel in Grad an. Wie Du sicherlich weißt,
wird der Umfang eines Kreises in 360 Grad eingeteilt. Das
bedeutet, daß Dein TURTLE bei einer Angabe von 180
Grad eine halbe Umdrehung nach links oder rechts machen wird. Um eine Vierteldrehung nach links oder rechts
auszuführen, ist die Angabe von 90 Grad notwendig. Übe
jetzt die Handhabung der RT- und LT-Kommandos, bis Du
sie beherrschst.

Dein TURTLE kann auch vorwärts und rückwärts bewegt werden. Um diesen Effekt zu erzielen, gib als nächstes das Kommando

FD 100 BK 50

ein und drücke erneut die RETURN-Taste. Nun kannst Du sehen, daß sich Dein TURTLE 100 Schritte vorwärts bewegt und dabei einen Strich zeichnet. Dann springt er in die Mitte des eben gezogenen Striches zurück.
Beachte, daß Du zwei Kommandos in derselben Zeile eingegeben hast. Nach dem Drücken der RETURN-Taste werden beide Kommandos — von links nach rechts — durchgeführt. So kannst Du verschiedene Kommandos in dieselbe Zeile schreiben, vorausgesetzt, Du läßt mindestens eine Leerstelle (BLANK) zwischen den einzelnen Kommandos.
Gib nun das Kommando

DRAW

ein und drücke die RETURN-Taste. Jetzt wird Dein Bildschirm wieder gelöscht, und Dein TURTLE mit der Spitze nach oben in der Mitte angezeigt.
Versuche nun herauszufinden, wie viele Schritte es von der Mitte des Bildschirms bis zu seinem oberen Rand sind.
Gib also das Kommando

FD 100

ein und rate, wie viele Schritte der TURTLE bis zum oberen Rand zurücklegen muß. Angenommen, Du schätzt den Abstand auf 30 Schritte. Nach der Eingabe des Kommandos

FD 30

wirst Du Deinen TURTLE nahe am oberen Rand des Bildschirms sehen. Wenn Du ihn zu weit schickst, taucht er aus dem unteren Bildschirmrand wieder auf. (In APPLE LOGO verschwindet er allerdings im Textbereich.) Diesen Vorgang nennt man »Herumrollen« (WRAPAROUND).
Um den TURTLE zurück zu bewegen, gib folgendes Kommando ein:

BACK 100

Einfacher sieht das Kommando aus, wenn Du die Abkürzung für BACK verwendest:

BK 100

Dein TURTLE wird 100 Schritte zurück»gehen«. Wenn er eine bereits gezeichnete Linie entlangfährt, so bleibt diese bestehen; ist keine Linie vorhanden, so wird der TURTLE jetzt eine zeichnen. Um dies auf Deinem System zu testen, gib das Kommando

BK 100

ein und drücke die RETURN-Taste. Jetzt kannst Du beobachten, wie eine neue Linie gezeichnet wird.
Soll der TURTLE etwas zeichnen, so befindet sich der Computer im DRAW- oder »Zeichnen«-Modus, und der »Stift« steht in Schreibposition, als PENDOWN (»Stift unten«) oder PD bezeichnet. Wenn Du Deinen TURTLE bewegen möchtest, ohne daß er dabei eine Linie zeichnet, so kannst Du das mit dem Kommando

PU

erreichen. In diesem Fall erscheint also keine Linie auf dem Bildschirm.

Am Ende sei noch gesagt, daß Du mit dem Kommando
HIDETURTLE (HT) Deinen TURTLE verschwinden lassen
kannst. Wenn Du ihn wieder sehen möchtest, so mußt Du
dazu das Kommando SHOWTURTLE (ST) eingeben.
Bevor Du die RETURN-Taste drückst, kannst Du so viele
Kommandos eingeben, wie Du möchtest. Wichtig dabei
ist nur, daß sich zwischen den einzelnen Kommandos
mindestens eine Leerstelle (BLANK) befindet. Versuche
folgende Zeile einzugeben:

```
DRAW BK 50 PU BK 30 HT PD BK 20
```

Übungen:

1. Gib das Kommando DRAW (oder CLEARSCREEN) ein
   und drücke danach die RETURN-Taste. Drehe nun
   Deinen TURTLE nach Osten, dann nach Süden, Westen
   und Norden.
   Hinweis: Erinnere Dich daran, daß die Angabe von 90
   Grad eine Vierteldrehung bedeutet und daß Osten
   rechts liegt, wenn Du Deinen Bildschirm betrachtest.
   Drehe Deinen TURTLE nach Nordosten, laß ihn einige
   Sekunden verschwinden und zeige ihn dann wieder.

2. Gib das Kommando DRAW ein und drücke danach die
   RETURN-Taste. Drehe den TURTLE unter Verwendung
   des LEFT-(LT-)Kommandos nach Nordwest, Südwest
   und Südost.

3. Gib das Kommando DRAW ein und drücke danach die
   RETURN-Taste. Zeichne ein Quadrat mit einer Seiten-
   länge von 100 Schritten. Beginne mit der senkrechten
   Linie nach oben.
   Hinweis: Gehe 100 Schritte vorwärts, veranlasse dann
   eine Vierteldrehung nach rechts usw., bis Du an den
   Startpunkt zurückgekehrt bist. Am Ende muß Dein

TURTLE mit der Spitze nach oben stehen. Danach laß ihn verschwinden.

4. Zeichne ein Quadrat wie in der Übung 3, laß dabei aber die obere und untere Querlinie nicht erscheinen.
Hinweis: Bevor Du die obere Linie entlangfährst, mußt Du Deinen Stift zuerst anheben (PU), vor dem Zeichnen der rechten Senkrechten mußt Du ihn aber wieder senken (PD). Hebe Ihn auch vor dem Zeichnen der unteren Linie an.

5. Zeichne nun das größte Quadrat, das auf Deinem Bildschirm möglich ist. Da jeder Computerbildschirm eine andere Größe besitzt, mußt Du ein klein wenig experimentieren. Diese Übung benötigt einige Zeit, führe sie aber dennoch so lange durch, bis Du Erfolg hast.

6. Gib die Kommandos LT, RT, FD und BK zusammen mit einer negativen Zahl ein. (Eine negative Zahl besitzt ein Minuszeichen; so ist −3 der negative Betrag der Zahl (+) 3). Was kannst Du feststellen?

7. Finde heraus, wie viele Schritte auf Deinem Bildschirm die unterste Zeile von der obersten entfernt ist.

8. Zeichne ein gleichseitiges Dreieck von 80 Schritten Seitenlänge.
Hinweis: In einem gleichseitigen Dreieck sind die Winkel gleich groß.
Versuche herauszufinden, um wieviel Grad Du Deinen TURTLE in jeder Ecke drehen mußt! Dabei gilt folgendes Gesetz: Die Summe aller Innenwinkel eines Dreiecks ergibt immer 180 Grad.

9. Versuche mit allen Dir bekannten Zeichnungsarten und allen LOGO-Kommandos zu arbeiten. Betrachte die Zeichnungen anderer LOGO-Benutzer und erstelle einige schöne Demonstrationsprogramme.

10. (Gruppenübung). Entwirf auf einem Papier, das so groß ist wie Dein Bildschirm, den Plan einer kurvenreichen

Rennstrecke. Schneide diese Rennstrecke mit der Schere aus und befestige sie mit einem Klebestreifen auf Deinem Computer. (Nicht auf den Bildschirm kleben!) Nun steuere Deinen TURTLE durch diese Rennstrecke. Der Schnellste in der Klasse hat gewonnen!

4. Wiederholung von Kommandos

Dieses Kapitel erklärt folgendes Kommando:

REPEAT   Wiederholung

Wie Du bereits gesehen hast, läßt sich ein Quadrat durch die viermalige Wiederholung von Vorwärts- und Drehbewegungen zeichnen.

```
FD 100 RT 90
FD 100 RT 90
FD 100 RT 90
FD 100 RT 90
```

Gib diese vier Kommandos ein, damit Du Dich selbst davon überzeugen kannst, daß dadurch ein Quadrat entsteht.
Einen einfacheren Weg, um denselben Effekt zu erreichen, stellt die Verwendung des REPEAT-Kommandos dar. REPEAT bedeutet Wiederholung. Versuche nun folgende Eingabe:

```
REPEAT 4 [FD 100 RT 90]
```

Die Zahl 4 gibt an, daß alle Befehle innerhalb der eckigen Klammer viermal ausgeführt werden. Du kannst Kommandos so oft wiederholen, wie Du willst, beispielsweise:

```
DRAW HT REPEAT 100 [FD2 RT 5] ST
```

Nehmen wir an, Du möchtest drei Blumen zeichnen. Dazu benötigst Du folgende Eingaben:

```
DRAW HT REPEAT 3[REPEAT 20]FD 30 BK 30 RT
360/20] PU RT 90 FD 61 LT 90 PD]
```

Nach der Eingabe dieser Kommandos löscht LOGO den Bildschirm, setzt Deinen TURTLE mit der Spitze nach oben in die Mitte und läßt drei Blumen mit je 20 Blättern in einer unsichtbaren Rechtsbewegung von insgesamt einundsechzig Schritten entstehen.
Beachte dabei, daß der Stift gesenkt wird, sobald der TURTLE die Startposition der nächsten Blume erreicht hat.

Übungen

1. Verändere unser Beispiel so, daß eine Reihe von fünfzehn kleinen Blumen, von denen jede ihren Nachbarn ein klein wenig überschneidet, quer über Deinen Bildschirm gezeichnet wird.
   Hinweis: Hebe den Stift nach dem Kommando DRAW an, drehe ihn um 90 Grad nach links, gehe zu dem Punkt, an welchem Du Deine erste Blume zeichnen möchtest, drehe den Stift um 90 Grad nach rechts und senke ihn. Dann wiederhole dieselbe Kommandofolge fünfzehnmal.
2. Entwickle eine Übung, die ein REPEAT-Kommando innerhalb eines REPEAT-Kommandos beinhaltet.
3. Nimm ein Stück Papier sowie einen Winkelmesser und spiele selbst TURTLE:

   ```
   DRAW REPEAT 3[REPEAT 2[FD 46 RT 15] RT
   30 BK 73].
   ```

   Führe das Kommando aus.
   Siehst Du, wo Du endest? Nun laß es LOGO zeichnen. Wie nahe bist Du der Lösung gekommen?

4. Zeichne einen Kreis von 4,8 cm Durchmesser. Versuche diese Übung so lange, bis es klappt!
5. Gruppenübung: Ein Teilnehmer zeichnet einige Inseln auf ein kariertes Papier und markiert zwei Stellen, den START und den SCHATZ auf dem Meer. Jeder bekommt eine Kopie des Plans und muß seinen TURTLE vom START zum SCHATZ bewegen. Der Teilnehmer, der die kürzeste Wegstrecke dazu benötigt, gewinnt!

5. PROCEDUR – Zusammenfassung mehrerer Kommandos

Solange Du keine PROCEDUR schreiben kannst, wird Dir LOGO kaum Spaß machen. Das Wort PROCEDUR meint die Zusammenfassung mehrerer Kommandos; eine PROCEDUR gibt Dir die Möglichkeit, mehrere Kommandos mit einem Namen zu belegen und unter diesem abzuspeichern, so daß Du sie unter diesem Namen auch wieder aufrufen kannst. Dadurch ersparst Du es Dir, dieselben Kommandos immer wieder eingeben zu müssen.

LOGO macht es Dir sehr einfach, eine PROCEDUR zu erstellen und zu verwenden. Schreibe als Beispiel eine PROCEDUR zum Zeichnen eines Quadrates. Als erstes gib das Kommando QUADRAT ein, gefolgt vom Drücken der RETURN-Taste. Du bekommst folgende Meldung angezeigt:

```
I DON'T KNOW HOW TO QUADRAT
```
(Ich weiß nichts über QUADRAT)

Der Computer teilt Dir damit mit, daß bis jetzt keine PROCEDUR mit dem Namen QUADRAT gespeichert ist. Du mußt eine solche PROCEDUR also erst definieren. Für das Definieren einer PROCEDUR, auch CREATE (»Neuerstellen«) genannt, ist folgende Eingabe nötig:

```
TO QUADRAT
```
(drücke danach die RETURN-Taste)

Versuche es nun. In den meisten Versionen von LOGO befindest Du Dich nach dem Drücken der RETURN-Taste im sogenannten EDIT MODE (Eingabe-Modus). Die Maschine wartet nun auf die Eingabe der Kommandos Deiner

PROCEDUR. (Im APPLE LOGO mußt Du hier EDIT "QUADRAT eingeben.) Wenn LOGO sich im EDIT-Modus befindet, so hat es einiges zu tun. Nimm Dir also etwas Zeit.
Gib nun folgendes ein:

```
REPEAT 4 [FD 100 RT 90]
END
```

Du mußt nach jeder Zeile die RETURN-Taste drücken. Das Kommando END sagt der Maschine, daß Du keine weiteren Kommandos in Deine PROCEDUR schreiben willst. Drücke auch nach dem Kommando END die RETURN-Taste. Jetzt mußt Du in den DRAW-Modus zurückkehren. Um dies zu erreichen, drücke gleichzeitig die Tasten CONTROL und C. (Halte die CONTROL- oder CTRL-Taste und drücke dabei die Taste mit dem C.) Es erscheint die Anzeige: QUADRAT DEFINED (»QUADRAT erstellt«), gefolgt von der Anzeige des DRAW-Modus, dem Fragezeichen (?). Dadurch fragt Dich der Computer: »Wie lautet Dein nächstes Kommando?«
Gib nun QUADRAT ein und drücke die RETURN-Taste. LOGO wird Deine QUADRAT-PROCEDUR ausführen und Dich anschließend nach dem nächsten Kommando fragen.
Versuche folgende Eingabe:

```
DRAW
REPEAT 12 [QUADRAT RT 30]
```

LOGO zeichnet jetzt zwölf Quadrate auf dem Bildschirm, die jeweils um dreißig Grad zueinander versetzt sind.
Versuche nun, folgende PROCEDUR zur Erstellung eines Sechsecks einzugeben:

```
TO SECHSECK
REPEAT 6 [FD 50 RT 360/6]
END
```

Beachte dabei, daß wir 360/6 (360 dividiert durch 6) als Angabe der Gradzahl für die Rechtsdrehung eingegeben haben. LOGO kann also die einfachen arithmetischen Operationen, wie + (Addition), – (Subtraktion), * (Multiplikation) und / (Division), ausführen.

Vergiß nicht, jede von Dir erstellte PROCEDUR sofort zu testen. Wenn sie nicht genau das macht, was Du Dir vorge-

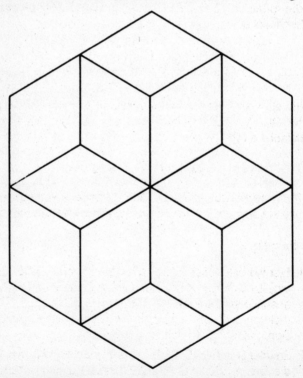

Abb. 5.1: Diese Bienenwabe kann Dein Auge täuschen.

stellt hast, so verändere sie immer wieder, bis Du zufrieden bist. Um eine PROCEDUR zu verändern, gibst Du einfach die Anweisung TO, gefolgt vom PROCEDUR-Namen, ein. (Bei APPLE mußt Du das Kommando EDIT", gefolgt vom Namen der PROCEDUR, verwenden.) Es werden Dir automatisch alle Kommandos dieser PROCEDUR auf dem Bildschirm angezeigt. Verändere nun Deine Kommandos mit den auf Deinem Computer möglichen EDIT-Befehlen, und vergiß nicht, hinter jedem neuen Kommando die RETURN-Taste zu drücken. Eine bereits erstellte PROCEDUR kann auch in anderen PROCEDUREn verwendet werden. Die folgende PROCEDUR beispielsweise zeichnet drei Sechsecke:

```
TO WABE
REPEAT 3 [SECHSECK LT 120]
END
```

Um eine sehr interessante Zeichnung zu sehen, gehe in den DRAW-Modus (Zeichnen-Modus) und gib folgendes Beispiel ein:

```
WABE RT 60 WABE
```

Wenn Du diese Figur (siehe Bild 5.1) länger anschaust, so wird sie sich vor Deinen Augen immer wieder verändern.

Übungen:

1. Erstelle eine PROCEDUR mit dem Namen ZEILE, die eine Linie in der Länge von fünfzig Schritten zeichnet; anschließend soll der TURTLE zum Ausgangspunkt zurückkehren. Teste nun Deine PROCEDUR, um sicher zu sein, daß sie auch richtig funktioniert.

2. Erstelle eine PROCEDUR mit dem Namen SPEICHEN, die Deine PROCEDUR ZEILE benützt. Zeichne damit fünfzig Linien, jede um 7,2 Grad (360/50) gedreht.

3. Erstelle eine PROCEDUR mit dem Namen DIAMANT, die einen Diamanten zeichnet. Dabei sollen die beiden gegenüberliegenden schmalen Winkel 30 Grad und die breiten 150 Grad betragen. Stelle sicher, daß Dein TURTLE am Ende mit der Spitze nach oben steht.

4. Erstelle eine PROCEDUR mit dem Namen BLUME, die sechs jeweils um 60 Grad nach rechts versetzte DIAMANTen zeichnet.

5. Erstelle eine PROCEDUR mit dem Namen GARTEN, die drei BLUMEn auf Deinen Bildschirm zeichnet, und zwar an beliebiger Stelle. Sie dürfen sich aber nicht berühren!

6. Zeichne mit dem QUADRAT und dem DREIECK ein HAUS. Danach konstruiere einen BLOCK von acht schmalen Häusern quer über Deinen Bildschirm. Erstelle eine STADT durch Verwendung von BLOCKs, bis der Bildschirm voll ist.

6. PROCEDUR mit Eingabe

Bei Einsatz eines Kommandos, das eine Angabe von Werten (Zahlen) benötigt, wurde bis jetzt immer ein genauer Wert eingegeben, beispielsweise die Zahl 50 oder 100. Um diesen Wert zu verändern, mußte ein neues Kommando mit einem neuen Wert eingetippt werden.

Anstatt jedesmal ganz bestimmte Werte zu verwenden, kannst Du auch veränderbare Werte (VARIABLEn) einsetzen. Eine VARIABLE ist der Name einer Speicherstelle, die zeitweilig — bis Du eine Änderung vornimmst — einen bestimmten Inhalt hat.

In LOGO kannst Du PROCEDUREn mit einer oder mehreren VARIABLEn erstellen. Diese müssen in der ersten Zeile definiert werden. Welche VARIABLEn benötigst Du aber in dieser PROCEDUR?

Laß Dir dies anhand unseres bekannten Quadrats erklären. Definiere folgende PROCEDUR:

```
TO VSQUADRAT :SEITE
REPEAT 4 [FD :SEITE RT 90]
END
```

In dieser PROCEDUR stellt der Ausdruck :SEITE eine INPUT-VARIABLE (Eingabe-VARIABLE) dar. Der Doppelpunkt (:) muß unmittelbar, ohne jede Leerstelle, vor dem Namen der VARIABLEn stehen. Damit teilst Du LOGO mit, daß der Ausdruck SEITE ein VARIABLEn-Name ist und nicht der einer PROCEDUR. Nun schalte in den DRAW-Modus und gib folgendes Kommando, gefolgt von der RETURN-Taste, ein:

VSQUADRAT

Nachdem Du die RETURN-Taste bedient hast, erhältst Du eine Fehlermeldung, da LOGO hinter dem Namen der

PROCEDUR VSQUADRAT die Eingabe einer Zahl erwartet. Darum gib nun die Anweisung

VSQUADRAT 100

ein und drücke wiederum die RETURN-Taste.
Es entsteht jetzt ein Quadrat mit einer Seitenlänge von 100 Schritten.
Da Du jetzt gesehen hast, daß dieses Programm wirklich funktioniert, laß Dir erklären, wie es durchgeführt wird. Durch Eingabe der Anweisung TO VSQUADRAT :SEITE und durch Drücken der RETURN-Taste gibst Du dem System bekannt, daß beim Aufrufen dieser PROCEDUR eine Eingabe in eine VARIABLE durchgeführt werden muß. Was immer Du eingibst, wird in der VARIABLEn :SEITE gespeichert. Wie oft auch in Deiner PROCEDUR dieser Name :SEITE auftritt, er wird ersetzt durch den von Dir beim Start der PROCEDUR eingegebenen Wert.
Die zweite Zeile der PROCEDUR VSQUADRAT kann beispielsweise folgenden Inhalt besitzen:

REPEAT 4 [FD :SEITE RT 90]

Durch Eingabe der Anweisung VSQUADRAT 100 (RETURN) als Aufruf der PROCEDUR im DRAW-Modus wird die Zahl 100 in die VARIABLE :SEITE übertragen. Dieser Inhalt wird anschließend auch in der zweiten Zeile der PROCEDUR verwendet. Damit kannst Du ein Quadrat mit einer Seitenlänge von 100 Schritten zeichnen. Um zu überprüfen, daß dies wirklich funktioniert, versuche nun, die PROCEDUR VSQUADRAT mit unterschiedlichen Eingaben aufzurufen. Was aber geschieht bei Eingabe von negativen Zahlen?
Du kannst selbstverständlich auch mehr als eine Eingabe in eine PROCEDUR vornehmen, wie das nächste Beispiel zeigt:

```
TO POLY :SEITE :LAENGE
REPEAT :SEITE [FD :LAENGE RT 360/:SIDES]
END
```

Du hast sicher bemerkt, daß Du die VARIABLEn mit jedem beliebigen Namen aufrufen kannst. Im DRAW-Modus wird LOGO nach Aufruf der PROCEDUR POLY von Dir die Eingabe von zwei Zahlen (getrennt durch eine Leerstelle) verlangen.
Dabei wird die erste Zahl nach dem Ausdruck :SEITE und die zweite Zahl nach dem Ausdruck :LAENGE übertragen. Deine PROCEDUR wird alle Kommandos in der eckigen Klammer entsprechend dem Wert von :SEITE ausführen. Diese Kommandos bewegen Deinen TURTLE um den Inhalt von :LAENGE vorwärts, um ihn daraufhin um jenen Winkel nach rechts zu drehen, der sich ergibt, wenn Du die Zahl 360 durch den Wert der VARIABLE :SEITE dividierst.

Übungen:

1. Erstelle eine PROCEDUR mit dem Namen HLIN, die eine Eingabe-VARIABLE :LAENGE aufweist. Deine PROCEDUR soll vom Mittelpunkt Deines Bildschirms aus eine horizontale Linie von :LAENGE-Schritten zeichnen. HINWEIS: Drehe den TURTLE zuerst um neunzig Grad nach rechts, dann fahre ihn um den Wert von :LAENGE vorwärts. Überprüfe Deine PROCEDUR, damit sie auch richtig funktioniert.

2. Erstelle eine PROCEDUR mit dem Namen POLY (siehe oben). Diese zeichnet eine Serie von drei-, vier-, fünf-, sechs- und siebenseitigen Vielecken. Jedes Vieleck hat eine Kantenlänge von 30 Schritten. Wenn Du das Löschen des Bildschirms zwischendurch unterdrückst, werden alle Vielecke am Bildschirm erscheinen.

3. Versuche unter Verwendung der PROCEDUR POLY herauszufinden, wie viele Kanten Dein Vieleck haben kann, bis es wie ein Kreis aussieht. Was geschieht, wenn Du versuchst, noch mehr Kanten zu zeichnen? Kannst Du mehr Kanten erscheinen lassen, wenn Du die Kantenlänge vergrößerst?

7. Der Einsatz von Farben

Dieses Kapitel erklärt folgende Kommandos:

```
BACKGROUND (BG)    Hintergrund
SETBG              Bestimmen des Hintergrundes
COLORBACKGROUND    Farbe des Hintergrundes
PENCOLOR (PC)      Farbe des Stiftes
SETPC              Angabe der Farbe des Stiftes
PENERASE           Löschen des Stiftes
```

Bis jetzt hat Dein TURTLE alles in derselben Farbe gezeichnet. Auch der Hintergrund (Bildschirm) zeigte stets dieselbe Farbe. In den meisten Versionen von LOGO — vorausgesetzt, Du verwendest einen farbigen Bildschirm — kannst Du unterschiedliche Farben für Deinen TURTLE und für den Hintergrund wählen. Die meisten Versionen verfügen über sechs verschiedene Farben. Welche Dein Computer zur Auswahl hat, kannst Du in Deinem Computer-Handbuch nachlesen. Einige der wichtigsten Farbkodierungen sind:

FARBE	ZIFFER
Schwarz	0
Weiß	1
Rot	2
Cyan	3
Purpur	4
Grün	5
Blau	6

FARBE	ZIFFER
Gelb	7
Orange	8
Braun	9
Hellrot	10
Grau 1	11
Grau 2	12
Hellgrün	13
Hellblau	14
Grau 3	15

Dein LOGO kann andere Farbkennzeichen haben. Studiere deshalb Dein Computer-Handbuch.

Um die Farbe des Hintergrunds zu bestimmen, gib das Kommando BACKGROUND oder einfach BG ein und dahinter die Ziffer der gewünschten Farbe. Dies funktioniert bei TERRAPIN/KRELL LOGO auf dem APPLE-Computer und auf dem COMMODORE 64. Bei APPLE LOGO lautet dieses Kommando SETBG, bei TEXAS INSTRUMENTS LOGO mußt Du COLORBACKGROUND eintippen.

Um die gewünschte Farbe zu erhalten, mußt Du sicher ein klein wenig experimentieren, da Deine Version von LOGO ein anderes Farbkennzeichen verwenden kann oder Dein Bildschirm anders geschaltet ist.

Um die Farbe Deines Stiftes zu bestimmen, benötigst Du das Kommando PENCOLOR oder einfacher PC (TERRAPIN/KRELL LOGO) bzw. SETPC (APPLE LOGO) eingeben. In TI LOGO kannst Du die Farbe des Stiftes nicht verändern.

Bereits gezeichnete Linien kannst Du löschen, indem Du die Farbe des Stiftes auf 0 setzt und dieselbe Linie nochmals zeichnest. Mit dem Kommando PENERASE (im LCSI APPLE LOG) erzielst Du dieselbe Wirkung.

Übungen:

1. Setze den Hintergrund auf Deine Lieblingsfarbe. Den Stift wähle in einer Farbe, die damit kontrastiert. Zeichne nun eine beliebige Figur und betrachte das Ergebnis. Verändere jetzt die Farbe des Hintergrundes so, daß sie mit der des Stiftes identisch ist, und Du wirst sehen, daß Deine Zeichnung verschwindet.
2. Erstelle eine PROCEDUR, in die Du zwei Eingabe-VARIABLEn für die Farben des Hintergrundes und des Stiftes eingeben kannst. Probiere diese nun mit verschiedenen Eingaben.
3. Erstelle eine farbige Zeichnung mit vielen verschiedenfarbenen Linien. Beobachte, was geschieht, wenn Du die Hintergrundfarbe veränderst.
4. Zeichne ein rotes Quadrat auf einem grünen Hintergrund. Füge ein blaues Dreieck hinzu.

8. Sichern einer PROCEDUR

Dieses Kapitel erklärt folgende Kommandos:

```
SAVE         Sichern
CATALOG      Disketteninhaltsverzeichnis
ERASEFILE    Löschen einer Datei
ERPS         Löschen des Arbeitsbereiches
             (APPLE LOGO)
GOODBYE      Löschen des Arbeitsbereiches
             (KRELL LOGO)
READ         Lesen einer Datei
POTS         Anzeigen aller PROCEDUREn
PP           Anzeige aller PROCEDUREn
             (TEXAS INSTRUMENTS)
```

Du hast jetzt schon genug Erfahrung mit LOGO gesammelt, um PROCEDUREn schreiben zu können, die es wert sind, gespeichert zu werden. Sicher ist Dir bereits aufgefallen, daß alle von Dir erstellten PROCEDUREn verloren waren, wenn Du Deinen Computer abgeschaltet hast. Du bist aber in der Lage, die PROCEDUREn auf einer Diskette, auch FLOPPY DISC genannt, zu speichern.

Diese Diskette, die Du in das Diskettenlaufwerk einlegst, muß aber für Deine Maschine initialisiert werden. Das heißt, sie muß eine ganz bestimmte Codierung, auch als »Format« bezeichnet, aufweisen. Da jeder Computer über andere Initialisierungsprogramme verfügt, mußt Du selbst herausfinden, was auf Deinem Gerät dabei zu tun ist, um eine neue Diskette zu initialisieren oder zu formatieren. Dies findest Du im Computer-Handbuch beschrieben. Um eine von Dir erstellte LOGO-PROCEDUR zu speichern, mußt Du die initialisierte Diskette in das Laufwerk einlegen und einen Dateinamen, beispielsweise GEHEIMNIS, festlegen. Dieser muß mit einem doppeltem Hochkomma (") beginnen. Gib nun im DRAW-Modus folgendes Kommando ein:

```
SAVE "GEHEIMNIS
```

Nach dem Drücken der RETURN-Taste dreht sich die Diskette, und alle PROCEDUREn Deines Arbeitsbereiches (das ist jener Teil des Hauptspeichers Deines Computers, der Dir zur Verfügung steht) werden unter diesem einen Namen gespeichert.

Das doppelte Hochkomma (") vor dem Dateinamen sagt dem Computer, daß der folgende Name nicht der Name einer PROCEDUR oder der einer Eingabe-VARIABLEn ist. Wenn Du davor schon einmal andere PROCEDUREn unter dem Namen GEHEIMNIS gespeichert hast, so überschreibt die neue PROCEDUR wahrscheinlich die alte und löscht sie damit. Im APPLE LOGO mußt Du zuerst ERASEFILE »GEHEIMNIS« (Löschen der Datei »GEHEIMNIS«) und dann SAVE »GEHEIMNIS« (Sichern »GEHEIMNIS«) eingeben. Wenn Du aber die alten PROCEDUREn erhalten willst, so muß der neue Name so gewählt werden, daß auf Deiner Diskette keine bestehende Datei denselben Namen trägt.

Es kann sein, daß Du nur ausgewählte PROCEDUREn Deines Arbeitsbereiches speichern möchtest. Dies ist aber ein ganz spezieller Punkt in einem anderen LOGO-Handbuch.

Das Disketteninhaltsverzeichnis, das Verzeichnis der Namen aller gespeicherten Dateien auf Deiner Diskette, erhältst Du durch folgendes Kommando:

```
CATALOG
```

Die von Dir gesicherte Datei kann nun einen etwas veränderten Namen zu dem von Dir eingegebenen tragen, und das doppelte Hochkomma (") ist verschwunden. Dafür wird der Name um einen Punkt (.) und um das Wort LOGO erweitert sein. So erscheint Dein Dateiname GEHEIMNIS als GEHEIMNIS.LOGO im Disketteninhaltsverzeichnis.

Übungen:

1. Lege eine leere Diskette in das Diskettenlaufwerk und initialisiere sie. Falls Du dieses Initialisierungsprogramm für Deine Maschine nicht oder nur ungenau kennst, nimm Dein Computer-Handbuch zu Hilfe.

2. Lege nun die initialisierte (formatierte) Diskette in Dein Laufwerk. Gib die Anweisung SAVE "WORKSPACE (»Sichern des Arbeitsbereiches«) ein und drücke danach die RETURN-Taste. Warte, bis die Sicherung durchgeführt ist (das Laufwerk stoppt) und die LOGO-Meldung erscheint. Nach der Eingabe von CATALOG und dem Drücken der RETURN-Taste erscheint das Disketteninhaltsverzeichnis. Wenn daraufhin WORKSPACE.LOGO angezeigt wird, dann hast Du diese Übung richtig durchgeführt.
   Es kann sein, daß Deine Version von LOGO einen leicht veränderten Dateinamen anzeigt als den, den Du eingegeben hast. Sicher ist es Dir aber möglich, diesen zu erkennen.

3. Du kannst Deinen Arbeitsbereich durch folgende Eingaben löschen:

   GOODBYE

   (falls Du eine KRELL/TERRAPIN-Version von LOGO verwendest) oder

   ERPS

   (bei Verwendung von APPLE LOGO).

Wenn Du nun schnell die RETURN-Taste drückst, wird Dein Arbeitsspeicher geleert. Um dies zu prüfen, gib die Anweisung SAVE "WORKSPACE (»Sichern des Arbeitsspeichers«) ein und drücke wiederum die RETURN-Taste. LOGO wird Dir mitteilen, daß es nichts zu sichern gibt — und wer wird schon »Nichts« sichern wollen? (Wenn Du APPLE LOGO verwendest, hast Du soeben »Nichts« gesichert!)

4. Du kannst Deinen Arbeitsbereich »zurücksichern« (wieder in den Computer einlesen), indem Du das Kommando READ "WORKSPACE (»Lesen des Arbeitsbereiches«) eingibst und danach die RETURN-Taste drückst.

5. Überprüfe das korrekte »Zurücksichern« durch Eingabe der Anweisung:

POTS

(»Anzeige aller PROCEDUREn«)
Vergiß auch hier nicht, die RETURN-Taste zu bedienen. Die Namen aller PROCEDUREn in Deinem Arbeitsbereich werden am Bildschirm aufgelistet. Bei Verwendung von TEXAS INSTRUMENTS LOGO lautet dieses Kommando PP oder PRINT PROCEDURES (»Ausgabe der PROCEDUREn«).

9. Mathematik und Arithmetik

Dieses Kapitel erklärt folgende Kommandos:

```
RANDOM          Zufallszahl
RANDOMIZE       Zufallszahl
INTEGER         Ganzzahl
ROUND           Runden
SQRT            Quadratwurzel
SIN             Sinus-Funktion
COS             Cosinus-Funktion
```

Mathematik bereitet mit LOGO großes Vergnügen. Stelle LOGO irgendeine sinnvolle mathematische Aufgabe, und sie wird gelöst. So erhältst Du für die Eingabe

PR 3 + 4

das Ergebnis 7. Versuche folgende Beispiele:

```
PR (3 + 4)/3
PR 3 + 4/3
PR 3.14159*1.03*1.03
```

Wenn Du verschiedene Arten von Berechnungen durchführst, kannst Du beobachten, wie LOGO diese mathematisch korrekt auflöst. Zuerst werden die in Klammern gesetzten Operationen ausgeführt. Dabei ermittelt LOGO eine Zahl, die es dann in die weitere Berechnung übernimmt. So wird in dem Beispiel PR (3+4)/3 die Zahl 3 mit 4 addiert und anschließend das Ergebnis 7 durch die Zahl 3 dividiert.

Multiplikationen und Divisionen werden immer zuerst und von links nach rechts durchgeführt. LOGO versucht immer diesen Weg zu gehen, so daß Du Klammern setzen mußt, um eine andere Bearbeitung Deiner Formel zu erreichen. So ergibt beispielsweise der Ausdruck

PR 2/2*2

ein anderes Ergebnis als der Ausdruck

PR 2/(2*2)

Zuletzt führt LOGO die jeweiligen Additionen und Subtraktionen durch. Sie befinden sich am unteren Ende der arithmetischen Stufenleiter. LOGO verfügt über einige Funktionen, die Dir sehr nützlich sein können. Das RANDOM-Kommando beispielsweise stellt Dir eine Zufallszahl zwischen Null und der von Dir eingegebenen Zahl (minus eins) zur Verfügung. Dies ist besonders für Spiele oder bestimmte Übungen sehr vorteilhaft. Die Eingabe der Anweisung

RANDOM 700

erbringt also eine zufällig ausgewählte Zahl zwischen Null und 699.

Du solltest vor Aufruf einer PROCEDUR, die das Kommando RANDOM verwendet, stets das Kommando RANDOMIZE eingeben. Damit stellst Du sicher, daß die Zahl wirklich zufällig gefunden wird.

Andere sehr nützliche Funktionen sind:

INTEGER Diese Funktion erstellt aus einer Dezimalzahl eine Ganzzahl; z.B.: INTEGER 4.7 ergibt 4.

ROUND   Diese Funktion rundet eine Dezimalzahl
               auf eine Ganzzahl auf;
               z.B.: ROUND 4.7 ergibt 5;

SQRT   Diese Funktion zieht die Wurzel
               aus einer Zahl;
               z.B. SQRT 4 ergibt 2.

SIN   Diese Funktion ergibt den Sinus
               eines Winkels;
               z.B.: SIN 30 ergibt 0,5.

COS   Diese Funktion ergibt den Cosinus
               eines Winkels;
               z.B.: COS 180 ergibt –1.

Übungen:

1. Führe die genannten Funktionen mit verschiedenen Eingabewerten durch, und beachte die unterschiedlichen Ergebnisse. Das SIN- und COS-Kommando verlangt eine Eingabe in Grad. Teste Beispiele mit positiven und negativen Zahlen. Was geschieht, wenn Du bei SQRT (Quadratwurzel) eine negative Zahl eingibst?
2. Erstelle eine PROCEDUR, mit der Du ein Würfelspiel mit zwei Würfeln nachahmen kannst. Laß Dir dazu Zufallszahlen zwischen 1 und 12 anzeigen.
3. Steuere Deinen TURTLE unter Verwendung des RANDOM-Kommandos ziellos über den Bildschirm.
4. Gruppenübung: Schreibe eine lange und schwierige Formel an die Tafel, oder gib jedem Teilnehmer der Gruppe eine Kopie davon. Wer zuerst das richtige Ergebnis errechnet hat, hat gewonnen.
5. Erstelle eine Formel, die die Zahl 45,89564 auf zwei Dezimalstellen rundet. Verwende dazu nur die Funktion INTEGER und die einfachsten arithmetischen Kommandos.

10. Rekursive PROCEDURen

Dieses Kapitel erklärt folgende Kommandos:

```
NOWRAP      Unterdrücken des Umbruchs
WRAP        Umbruchsfunktion
```

Eine rekursive PROCEDUR ruft sich selbst auf. Wie Du gleich sehen wirst, kannst Du damit verschiedene Dinge durchführen. Hier ein Beispiel:

```
TO RSQUADRAT :SEITE
FD :SEITE
RT 90
RSQUADRAT :SEITE
END
```

Erstelle nun diese PROCEDUR. Gehe in den DRAW-Modus und gib das Kommando RSQUADRAT, gefolgt von einer Zahl (z.B. 100), ein. Wie Du siehst, zeichnet Dein TURTLE ein Quadrat mit einer Seitenlänge von 100. Er wird immer wieder dieses Quadrat entlangfahren, bis Du die CONTROL- und die G-Taste zugleich drückst, um ihn zu stoppen.

Warum macht er das? Dafür gibt es eine ganz einfache Erklärung: Bei Aufruf der PROCEDUR RSQUADRAT 100 wird die Zahl 100 in die VARIABLE :SEITE gespeichert, um darauf die PROCEDUR auszuführen. Dein TURTLE bewegt sich zuerst um so viele Schritte, wie die VARIABLE :SEITE angibt, vorwärts. In unserem Fall sind dies 100 Schritte. Dann wird die nächste Zeile Deiner PROCEDUR, die Drehung um 90 Grad nach rechts, ausgeführt. Bei Erreichen der nächsten Zeile macht der TURTLE genau das, was Du ihm aufgetragen hast, nämlich RSQUADRAT wiederum zu durchlaufen. Die Anzahl der Schritte ist dieselbe, die Du am Beginn eingegeben hast — in diesem Fall 100. So bewegt er sich also wieder 100 Schritte vorwärts, dreht um 90 Grad nach rechts und — Du errätst es jetzt sicher schon — führt wiederum RSQUADRAT mit :SEITE als Eingabe aus. Nachdem er so alle vier Seiten gezeichnet hat, wird er die erste Seite wieder zeichnen.

Dein TURTLE wird also bis zu Deiner Eingabe von CONTROL und G immer wieder dieses Quadrat zeichnen. Hier ein weiteres Beispiel:

```
TO SPIN
RT 1
SPIN
END
```

Gib diese Zeilen ein. In diesem Falle haben wir keine Eingabe in eine VARIABLE. Dein TURTLE dreht sich also immer 1 Grad nach rechts. Drücke die CONTROL- und die G-Taste, wenn Du meinst, er hat sich genug gedreht.

Du kannst mit rekursiven PROCEDUREn interessante Zeichnungen entwerfen. Erstelle in Deinem Arbeitsbereich eine normale (nicht rekursive) PROCEDUR mit dem Namen QUADRAT, die ein Quadrat mit 100 Schritten Seitenlänge zeichnet. Überprüfe, ob sie auch sicher funktioniert. Dein TURTLE muß am Ende in dieselbe Richtung zeigen wie in der Startposition.

Gib nun folgende Zeilen ein:

```
TO DESIGN
QUADRAT
RT 3
DESIGN
END
```

Starte diese PROCEDUR. Dein TURTLE zeichnet ein Quadrat, dreht um 3 Grad nach rechts, zeichnet ein Quadrat, dreht um 3 Grad nach rechts usw., bis Du ihn mit CONTROL und G stoppst.

Du kannst also Deine Zeichnung unter Verwendung rekursiver PROCEDUREn bei jeder Ausführung verändern. Um dies zu verstehen, mußt Du wissen, woher die PROCEDUR ihre Eingabe erhält.

Wenn Du eine PROCEDUR mit variabler Eingabe wie

```
TO SQUARAL :LAENGE
```

erstellst und diese wieder mit ihrem Namen aufrufst, wird LOGO von Dir eine Zahl hinter dem PROCEDUR-Namen erwarten. Diese Zahl, welche auch immer das sein mag, wird in Deine Maschine in die VARIABLE :LAENGE gespeichert, um sie bei der Ausführung der PROCEDUR SQUARAL zu verwenden.

Diese Regel gilt auch, wenn Du eine Formel mit arithmetischen Berechnungen verwendest. LOGO führt diese Berechnung nach Deinen Angaben durch und speichert das Ergebnis in der VARIABLEn, die dem PROCEDUR-Namen folgt.

Überlege Dir folgende rekursive PROCEDUR:

```
TO SQUARAL :LAENGE
FD :LAENGE
RT 90
SQUARAL :LAENGE + 3
END
```

Wie funktioniert das? Um diese PROCEDUR durchzuführen, mußt Du in den DRAW-Modus gehen und die PROCEDUR SQUARAL, gefolgt von einer Zahl (z.B. 20), eingeben. Wie Du weißt, wird nach dem Drücken der RETURN-Taste Deine eingegebene Zahl (hier 20) in die VARIABLE

:LAENGE gespeichert. Das Kommando in der ersten Zeile bewegt Deinen TURTLE um :LAENGE- Schritte, hier 20, vorwärts. Dann dreht er sich um 90 Grad nach rechts. Gut so! Jetzt wird SQUARAL wieder aufgerufen. Vor der Durchführung wird aber 20 + 3 = 23 berechnet und das Ergebnis in :LAENGE gespeichert. Jetzt bewegt sich Dein TURTLE um 23 Schritte vorwärts, dreht um 90 Grad nach rechts und ruft sich selbst wieder mit einem neuen Inhalt in :LAENGE (23 + 3 = 26) auf. Wie Du leicht sehen kannst, wird jede neue Seite um 3 Schritte länger als die davor gezeichnete.

Übungen:

1. Gib das letzte Beispiel ein und führe es aus. Beachte dabei, daß die quadratförmige Spirale über Deinen Bildschirm hinausläuft und auf der anderen Seite erscheint. Dies nennt man WRAPAROUND (»Umbruch«). Wie Du siehst, verändert sich Deine Zeichnung, sobald Dein TURTLE an den Rand Deines Bildschirms gelangt und diese WRAPAROUND-Funktion ausführt. Das Kommando NOWRAP stoppt die PROCEDUR, sobald ein WRAPAROUND notwendig ist. Gib deshalb vor Aufruf von SQUARAL das Kommando NOWRAP ein und beachte, was geschieht.

2. Wenn Du vor dem Start einer Zeichnung Deinen TURTLE mit dem Kommando HT verschwinden läßt, beschleunigt sich das Zeichnen selbst. Versuche dies, um den Unterschied in der Geschwindigkeit zu sehen. Führe zwei Versuche aus, einmal mit angezeigtem und einmal mit unsichtbarem TURTLE. Stoppe und vergleiche die Zeit beider Versuche.

```
ST              HT
NOWRAP          NOWRAP
SQUARAL 50      SQUARAL 50
END             END
```

3. Erstelle und teste eine rekursive PROCEDUR mit dem Namen POLYSPIRAL sowie den beiden VARIABLEn :SEITE und :LAENGE. Sie beginnt mit einer Vorwärtsbewegung um so viele Schritte, wie der Ausdruck :LAENGE angibt. Danach erfolgt eine Linksdrehung in einem Winkel entsprechend dem Wert des Ausdrucks 360/:SEITE. Nun wird sie wieder selbst aufgerufen. Dabei werden beide VARIABLEn um 1 erhöht. Starte diese PROCEDUR mit dem Kommando TO POLYSPIRAL 1 1.

4. Erstelle und teste eine rekursive PROCEDUR mit dem Namen TURNS und der VARIABLEn :WINKEL. Diese geht eine beliebige Anzahl von Schritten vorwärts (versuche es mit 75), dreht um :WINKEL nach rechts und ruft sich selbst wieder auf. Versuche es mit folgenden Winkeln: 61, 80, 89, 90, 143 und 144.

5. Verändere die PROCEDUR der Übung 4. Der wiederholte Aufruf erfolgt nun mit dem Ausdruck :WINKEL – 1. Es entsteht jetzt sicher ein Durcheinander.

6. Bringe Deinen TURTLE dazu, im Kreis zu laufen, indem Du ihn nur wenig vorwärtsbewegst (z.B. um 2 Schritte) und dann um 15 Grad nach links drehst. Erinnere Dich: Es muß eine rekursive PROCEDUR sein! (Die Spur des TURTLE darf sich nicht in den Schwanz beißen!) Wie oft muß diese PROCEDUR ausgeführt werden, bis ein Kreis gezogen ist?

11. Der Lehrsatz der TURTLE-Reise

Dieses Kapitel erklärt folgende Kommandos:

MAKE	Setzen einer VARIABLEn auf Wert
READCHARACTER (RC)	Eingabe eines Zeichens
IF	Wenn — Abfrage

Nachdem Du das Erstellen rekursiver PROCEDUREn gelernt hast, ist es Dir möglich, viele verschiedene Aufgaben zu lösen. Dieses Kapitel macht Dich mit dem Lehrsatz der TURTLE-Reise vertraut.

Angenommen, Dein TURTLE macht eine lange Reise über den ganzen Bildschirm und steht schließlich an derselben Stelle, an der er gestartet wurde. Nimm zugleich an, daß Du die Drehung während der Reise durch Aufaddieren der Winkel durchgeführt hast. In diesem Falle wird das Ergebnis ein Vielfaches von 360 Grad sein. Verwende für das Aufaddieren eine VARIABLE mit dem Namen :DREHUNG, die Du vor dem Start der Reise auf 0 (Null) setzt. Immer wenn Du eine Drehung nach rechts durchführst, addierst Du den Winkel zur Variablen :DREHUNG. Bei einer Drehung nach links subtrahierst Du den Winkel von :DREHUNG.

Bevor wir die für das Testen dieses Lehrsatzes notwendige PROCEDUR erstellen, denke noch einmal darüber nach, ob sie überhaupt einen Sinn ergibt.

Vorerst gilt, daß die Reise Deines TURTLE aus einer Geraden besteht und er sich nicht dreht. Wenn am Beginn die Variable :DREHUNG auf 0 (Null) steht und keinerlei Drehung, weder nach links noch nach rechts, während der

Reise stattfindet, wird auch am Ende der Reise die Variable: DREHUNG auf 0 gesetzt sein. Jetzt bewahrheitet sich der Lehrsatz, denn 0 (Null) ist ein Vielfaches von 360 Grad (0 dividiert durch 360 ergibt 0).

Nun soll gelten, daß sich Dein TURTLE zwar drehen läßt, aber er sich nicht vorwärts bewegt. So wird er also auf demselben Fleck stehenbleiben, sein Kopf wird sich aber nach links oder rechts drehen. Angenommen, dieser Prozeß verlaufe additiv (das bedeutet, daß eine 90-Grad-Drehung nach rechts dasselbe ist wie zwei 45-Grad-Drehungen nach rechts), so kannst Du Dich auch in diesem Fall von der Richtigkeit des Lehrsatzes überzeugen. Du weißt, daß eine Drehung Deines TURTLE um 360 Grad ihn wieder mit dem Kopf nach oben stellt, da der ganze Kreis 360 Grad hat. Da aber diese Drehung additiv vor sich geht, spielt es keine Rolle, ob Du eine ganze Drehung um 360 Grad ausführst oder sie in mehrere kleine Drehungen zerlegst. Dabei kannst Du sowohl nach links als auch nach rechts drehen oder diese beiden Richtungen mischen.

Wenn Dein TURTLE beschließt, sich dreimal im Uhrzeigersinn herumzudrehen, dann wird in :DREHUNG das Ergebnis von 360 mal 3 stehen, was tatsächlich ein Vielfaches von 360 darstellt. Normalerweise wird er sich vorwärtsbewegen und sich dabei drehen. Auch in diesem Falle kannst Du Dich von der Richtigkeit des Lehrsatzes überzeugen. Alles, was Du dabei zu tun hast, ist, Dich im Geist mit Deinem TURTLE zu bewegen. Es ist dann so, als ob er sich nicht von der Stelle rührt.

Nun bleibt Dir wohl nichts anderes übrig, als diesen Lehrsatz als richtig anzuerkennen! Du mußt ihn nur noch ausprobieren.

Dazu brauchst Du verschiedene neue Kommandos:

1. Die Verwendung des MAKE-Kommandos für das Addieren der Drehungen.

2. Die Verwendung des Kommandos READCHARACTER (RC) für das Bewegen Deines TURTLE während des Ausführens der PROCEDUR.
3. Die Verwendung des IF-Kommandos zur Überprüfung des über die Tastatur eingegebenen Zeichens.

Zuerst mußt Du eine PROCEDUR erstellen, die den TURTLE bewegt und die Drehungen aufaddiert.

```
TO BEWADD :ZEICHEN
IF :ZEICHEN = "T PRINT :DREHUNG
IF :ZEICHEN = "F FD 10
IF :ZEICHEN = "R RT 15
IF :ZEICHEN = "R MAKE "DREHUNG :DREHUNG
+ 15
IF :ZEICHEN = "L LT 15
IF :ZEICHEN = "L MAKE "DREHUNG :DREHUNG
- 15
END
```

Beachte: Bei Verwendung von APPLE LOGO müssen die Kommandos hinter der IF-Abfrage in eckige Klammern gesetzt werden, wie das folgende Beispiel zeigt:

```
IF :ZEICHEN = "T [PRINT :ZEICHEN]
```

Andere Versionen von LOGO benötigen diese eckigen Klammern nicht.

In dieser PROCEDUR wirst Du sicher einige unbekannte Kommandos entdecken. Kein Grund zur Panik! Es wird Dir Zeile für Zeile erklärt.

Am PROCEDUR-Aufruf erkennst Du, daß sie eine Eingabe-VARIABLE benötigt. Es handelt sich um ein einziges Zeichen, das Du über Deine Tastatur eingibst.

Die nächste Zeile überprüft, ob das von Dir eingegebene Zeichen ein 'T ist. Wenn dies zutrifft, so wird der augenblickliche Inhalt der VARIABLEn :DREHUNG angezeigt. Am Hochkomma (') vor dem Buchstaben T erkennt LOGO, daß T nicht der Name einer PROCEDUR ist.

Das IF-Kommando hat in LOGO eine sehr einfache Form: Wenn (IF) eine Bedingung erfüllt (wahr) ist, dann wird eine Anweisung ausgeführt. Ist die Bedingung nicht erfüllt (falsch), so unterbleibt die Ausführung der angeschlossenen Anweisung. In unserem Beispiel lautet die Bedingung :ZEICHEN = 'T. Entweder ist das eingegebene Zeichen ein T oder dies ist nicht der Fall. Wenn :ZEICHEN = 'T, dann führt LOGO das folgende Kommando PRINTDREHUNG durch, bevor es in die nächste Zeile der PROCEDUR weitergeht. Wenn die Bedingung nicht erfüllt ist, dann geht LOGO sofort in die nächste Zeile, ohne das Kommando PRINTDREHUNG durchzuführen. Wenn Du willst, kannst Du zwischen die beiden Teile (Abfrage- und Ausführungskommando) das Wort THEN (Dann) setzen. Für manche Leute ist so das IF-Kommando leichter lesbar. Die nächste Zeile vergleicht das eingegebene Zeichen mit dem Zeichen F. Wenn ein F eingegeben wurde, so wird Dein TURTLE um zehn Schritte vorwärtsbewegt. Erfolgte keine Eingabe von F, so bleibt der TURTLE in seiner Position stehen, und das Kommando der nächsten Zeile der PROCEDUR wird ausgeführt.

Diese folgende Zeile überprüft, ob das eingegebene Zeichen ein R ist. Wenn dies zutrifft, dreht Dein TURTLE um 15 Grad nach rechts.

```
IF :ZEICHEN = "R MAKE "DREHUNG :DREHUNG
+ 15
```

beinhaltet ein neues Kommando, MAKE, und zeigt die VARIABLE in zwei verschiedenen Darstellungsformen. Einmal mit einem Hochkomma (') davor und einmal mit einem vorgesetzten Doppelpunkt (:). Das mag am Anfang etwas verwirrend aussehen, es gibt dafür aber eine logische Erklärung. Das MAKE-Kommando hat folgende Bedeutung: Setze in die dem MAKE folgende VARIABLE das

Ergebnis der dahinterstehenden Berechnung. Da der Unterschied zwischen dem Namen einer VARIABLEn und deren Inhalt sehr wichtig ist, wird das Hochkomma (') dazu verwendet, den Namen zu bezeichnen, wogegen der Doppelpunkt (:) ihren Inhalt kennzeichnet. Hinter dem MAKE muß sich immer der mit einem Hochkomma beginnende Name einer VARIABLEn befinden, da LOGO sonst davon ausgeht, daß es sich dabei um den Namen einer PROCEDUR handelt.

Mit dem soeben beschriebenen Kommando teilst Du LOGO mit, in :DREHUNG das Ergebnis der Rechnung :DREHUNG + 15 abzuspeichern. Die beiden letzten Zeilen der PROCEDUR sind ähnlich, bewirken aber eine Drehung nach links. Beachte dabei, daß wir 15 von :DREHUNG subtrahieren, wenn es sich um eine Linksdrehung handelt.

Nun gib die ganze PROCEDUR ein und teste sie anschließend. Bis Du die Variante der PROCEDUR, die die Eingabe von Zeichen vorsieht, geschrieben hast, kannst Du die folgenden Kommandos im DRAW-Modus testen.

```
BEWADD "T
BEWADD "F
BEWADD "R
BEWADD "L
```

Hast Du Dich von der Richtigkeit dieser PROCEDUR überzeugt, kannst Du die nächste eingeben.

```
TO EINZEICH
BEWADD RC
EINZEICH
END
```

Wie Du siehst, handelt es sich dabei um eine rekursive PROCEDUR. Das Kommando RC (READCHARACTER) verlangt hier die Eingabe eines Zeichens über die Tastatur und überträgt es in die VARIABLE von BEWADD — in unserem Falle also in :ZEICHEN. Die PROCEDUR BEWADD wird ausgeführt, sobald Du irgendein Zeichen auf Deiner Tastatur drückst, und überträgt dieses in :ZEICHEN, egal, was Du eingegeben hast. Daraufhin wird sie immer wieder sich selbst aufrufen. Teste jetzt Deine PROCEDUR EINZEICH.

Schließlich benötigst Du noch eine weitere PROCEDUR:

```
TO STARTUP
DRAW
MAKE "DREHUNG 0
EINZEICH
END
```

(Anstelle von DRAW muß im APPLE LOGO das Kommando CS verwendet werden.)
Die PROCEDUR STARTUP löscht Deinen Bildschirm, stellt Deinen TURTLE mit der Spitze nach oben in die Mitte und setzt :DREHUNG auf 0 (Null). Danach wird EINZEICH aufgerufen, und Dein TURTLE geht auf die Reise.

Übungen:

1. Gib die genannten PROCEDUREn ein und teste sie. Achte dabei darauf, daß Dein TURTLE am Ende immer mit der Spitze nach oben steht. Laß ihn verschiedene Reisen machen, die sowohl Drehungen im Uhrzeigersinn als auch gegen diesen beinhalten. Überprüfe nach jedem Lauf, ob :DREHUNG wirklich ein Vielfaches von 360 Grad ist.

2. Verändere BEWADD so, daß der TURTLE zehn Schritte rückwärts geht, wenn Du B eingibst.

3. Verändere BEWADD so, daß nach Eingabe von E (Ende der Reise) eine andere PROCEDUR mit dem Namen TESTLEHRSATZ aufgerufen wird. Diese dividiert :DREHUNG durch 360 und zeigt das Ergebnis am Bildschirm. Damit kannst Du sehen, ob in :DREHUNG wirklich ein Vielfaches von 360 steht.

4. Verändere TESTLEHRSATZ so, daß eine 1 ausgegeben wird, wenn in :DREHUNG ein Vielfaches von 360 steht. Im anderen Fall soll eine 0 (Null) angezeigt werden.

5. Die Ganzzahl von :DREHUNG/360, die am Ende herauskommt, ist die Anzahl der Drehungen innerhalb dieses Laufes. Wenn sich der TURTLE dreimal im Uhrzeigersinn gedreht hat, so ist die Anzahl der Drehungen selbstverständlich 3. Zeichne auf ein Stück Pauspapier, das die Größe Deines Bildschirms besitzt, links einen Pfannkuchen mit zwei Löchern und rechts einen mit drei. Diese sollen ganz unterschiedlich in ihrer Form sein.

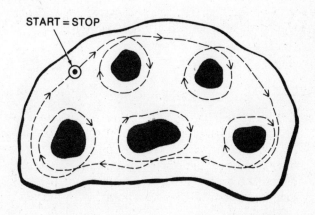

Abb. 11.1: Ein kompletter Lauf um fünf Löcher eines Pfannkuchens:

Ein kompletter Lauf soll nun im Uhrzeigersinn um jedes Pfannkuchenloch herumführen, ohne dabei andere zu berühren. Ferner muß darauf geachtet werden, daß Start- und Endpunkt identisch sind und daß der TURTLE dabei mit der Spitze nach oben steht. Jeder Lauf wird eine bestimmte Anzahl von Drehungen aufweisen.

Versuche nun verschiedene komplette Läufe um diese Pfannkuchenlöcher und schreibe Dir die Anzahl der Drehungen auf. Du wirst einiges dabei entdecken! Versuche es auch mit mehr Löchern! Wenn Du nicht verstehen solltest, was dabei geschieht, laß es Dir von Deinem Mathematiklehrer erklären. Schaue Dir die Abb. 11.1 an.

12. WORTE und LISTEN (Tabellen)

Dieses Kapitel erklärt folgende Kommandos:

MEMBER?   Durchsuchen einer LISTE
MEMBER P   Durchsuchen einer LISTE
               (APPLE LOGO)
EMPTY?   Überprüfen einer LISTE auf »leer«
EMPTY P   Überprüfen einer LISTE auf »leer«
               (APPLE LOGO)
SENTENCE (SE) Zusammenfassung von zwei
               LISTEN

Im letzten Kapitel hast Du die Verwendung von Buchstaben anstelle von Ziffern in VARIABLEn gelernt. Wäre es nicht schön, ein ganzes Wort in VARIABLEn einzusetzen? Auch das kannst Du!
Gib folgendes ein:

```
MAKE "ESSEN HAMBURGER
PR :ESSEN
```

und drücke danach die RETURN-Taste. Die Ausgabe von LOGO lautet:

HAMBURGER

Mit dem Kommando MAKE erteilst Du LOGO den Auftrag, eine VARIABLE mit dem Namen 'ESSEN (mit Hochkomma, um es von einem PROCEDUR-Namen zu unterscheiden) zu erstellen und das Wort HAMBURGER darin zu speichern. Dann läßt Du Dir den Inhalt der VARIABLEn

:ESSEN anzeigen. Es handelt sich um dasselbe Feld wie 'ESSEN, der : (Doppelpunkt) bedeutet hier, daß Du den Inhalt angezeigt haben möchtest. Und LOGO wird Dir gehorsam sagen, daß HAMBURGER in :ESSEN steht.

Jetzt weißt Du auch, was ein WORT ist. Was dagegen ist eine LISTE (Tabelle)? Gib folgendes ein:

```
PR [ICH WUENSCHE MIR EIN ESSEN]
```

LOGO wird ausgeben:

```
ICH WUENSCHE MIR EIN ESSEN
```

Eine LISTE muß stets zwischen eckigen Klammern stehen! Sie kann Buchstaben, Zahlen, Wörter oder weitere LISTEN enthalten. Zwischen den Elementen der LISTE muß mindestens eine Leerstelle sein.

Hier einige Beispiele für LISTEN:

```
[1 2 DREI]
[ICH WUENSCHE MIR EIN ESSEN]
[[1 2] [HI] [3 VIER]]
[[[LIST] [LIST] LIST]
```

Versuche nun diese Eingabe:

```
PR [[[[4] 3] 2] 1]
```

Du wirst folgende Antwort wahrscheinlich nicht erwarten:

```
[[[4] 3] 2] 1
```

Das PRINT-Kommando läßt nur die Klammern bei der Anzeige weg. Alles andere, der Inhalt der LISTE also, wird am Bildschirm ausgegeben. In der LISTE

[SCHLESWIG-HOLSTEIN BAYERN NIEDERSACHSEN WUERTTEMBERG]

sind die Bundesländer MEMBERS oder Mitglieder (Tabellenelemente) der LISTE. Die Ziffer 3 ist ein MEMBER der LISTE:

[7 3 4 9 0]

Es gibt in LOGO ein einfaches Kommando, das Dir sagt, ob in Deiner LISTE Einträge (MEMBERS) definiert sind. Wenn Du MEMBER? (oder MEMBER P in APPLE LOGO) und ein WORT (oder eine LISTE), gefolgt von einer LISTE, eingibst, wird Dir angezeigt, ob dieses WORT (oder diese LISTE) ein MEMBER dieser LISTE darstellt. Versuche folgendes Beispiel:

```
PR MEMBER? "TIERE [TIERE GEMUESE STEINE
           COMPUTER]
PR MEMBER? "HUND [DER HUND]
PR MEMBER? "HUND [DER [HUND]]
PR MEMBER? [HUND] [DER [HUND]]
PR MEMBER? [HUND] [DER HUND]
```

Je nachdem, ob das gesuchte WORT in der LISTE enthalten ist oder nicht, antwortet jeder dieser MEMBER?-Befehle mit einem TRUE (Wahr) oder FALSE (Falsch).
Du kannst auch fragen, ob ein WORT einen bestimmten Buchstaben beinhaltet. Versuche es:

```
MEMBER? "F FINDEN
MEMBER? "X "LAUFEN
MEMBER? "Y "ASDFGHJKLP
```

Es gibt auch LISTEN wie diese: [ÄÜ]? Solche nennen sich EMPTY (leere) LISTEN. LOGO verfügt über ein einfaches

Kommando, mit dem Du herausfinden kannst, ob Deine LISTE leer ist: EMPTY? (oder EMPTY P im APPLE LOGO). Versuche folgendes Beispiel einzugeben:

```
PR EMPTY? [ ]
PR EMPTY? [VOLL]
PR EMPTY? [DIESE LISTE HAT IRGENDEINEN
INHALT]
```

Gib nun folgende PROCEDUR ein:

```
TO MENUE
PR SENTENCE [TAGESSPEZIALITAET:] :ESSEN
END
```

Kehre nun in den DRAW-Modus zurück und gib MENUE ein. Wenn Du alle Übungen dieses Kapitels richtig durchgeführt hast, lautet die Antwort:

```
         TAGESSPEZIALITAET: HAMBURGER
```

Hast Du nicht alle Übungen gemacht, mußt Du

```
         MAKE "ESSEN "HAMBURGER
```

eingeben und es nochmals versuchen.
Das SENTENCE (SE)-Kommando macht aus zwei LISTEN eine, wobei zuerst der Inhalt der ersten, dann der der zweiten LISTE übernommen wird. Wenn eine Eingabe ein WORT sind, so setzt der SENTENCE-Befehl dieses vor der Übertragung in eckige Klammern.

Übungen:

1. Erstelle eine LISTE mit dem Namen GESCHWINDIGKEIT und dem Inhalt STOP, LANGSAM, SCHNELL und WOW. Teste Deine LISTE mit dem Kommando PR :GESCHWINDIGKEIT (RETURN-Taste nicht vergessen!). Am Bildschirm sollte als Meldung

    ```
    STOP LANGSAM SCHNELL WOW
    ```

    erscheinen.

2. Erstelle eine LISTE mit dem Namen :ESSEN, die vier Elemente mit dem Inhalt HOT DOG, BURGER, EIS und CHIPS besitzt. Dazu eine zweite namens :GETRAENKE mit drei Elementen: COLA, ORANGE und SPEZI.
   Nun versuche folgende Eingaben:

    ```
    PR :ESSEN
    PR :GETRAENKE
    PR :ESSEN :GETRAENKE
    PR SE :ESSEN :GETRAENKE
    ```

3. Nimm die beiden LISTEN von Übung 2. Erstelle eine PROCEDUR mit dem Namen MENUE, die das Wort ABENDSPEZIALITAETEN, gefolgt von den Elementen von :ESSEN, danach das Wort GETRAENKE, gefolgt von den Elementen von :GETRAENKE, ausgibt.

4. Erstelle eine PROCEDUR, die [ÄRICHTIGÜ] ausgibt, wenn der eingegebene Buchstabe im geheimen Wort vorhanden ist.
   Bei Nichtvorhandensein soll [ÄFALSCHÜ] ausgegeben werden. Das geheime Wort mußt Du Dir selbst ausdenken.

13. Das Arbeiten mit WORTEN und LISTEN

Dieses Kapitel erklärt folgende Kommandos:

OUTPUT (OP)   Ausgabe an weitere PROCEDUREN
WORD   Zusammenfassen zweier Worte
ITEM   Nennen eines bestimmten Elements einer LISTE
FIRST   Erstes Element einer LISTE
LAST   Letztes Element einer LISTE

Das OUTPUT-(Ausgabe-)Kommando wird immer dann eingesetzt, wenn Du eine PROCEDUR in eine andere überleiten oder auf den Bildschirm ausgeben möchtest. Im letzten Kapitel wurde Dir erklärt, daß der SENTENCE-Befehl zwei LISTEN zu einer zusammenfaßt. Das Kommando WORD verbindet zwei Worte zu einem:

    OP WORD "VERBINDE EINS "MIT ZWEI

Anstelle des einfachen Hochkommas (') benötigt APPLE LOGO den Schrägstrich nach links ( ).

Hier nun eine Tabelle mit der Bedeutung der Symbole:

Symbol	Bedeutung
SPACE (Leerstelle)	Ende des Wortes
' (einfaches Hochkomma) oder (APPLE LOGO)	Leerstellen werden innerhalb eines Wortes bis zum nächsten ' (COMMODORE LOGO) oder (APPLE LOGO) akzeptiert.
" (doppeltes Hochkomma)	Wort folgt
((linke Klammer)	LISTE folgt
) (rechte Klammer)	Ende der LISTE

Gib folgende PROCEDUR aus dem COMMODORE 64-Handbuch ein:

```
TO ODDWORD
PR(WORD"'A BA' "'BY B' "OY)
END
```

Im DRAW-Modus wird nun ODDWORD eingegeben und die RETURN-Taste gedrückt. Die Ausgabe lautet:

```
A BABY BOY
```

Mit dem Kommando ITEM, gefolgt von einer Zahl, kannst Du den Inhalt des Elements, das dieser Zahl entspricht, aus einer LISTE oder einem Wort ausgeben. Das folgende Beispiel veranschaulicht das:

```
PRITEM 3 [A B C]
C
```

Übungen:

1. Versuche die Ausgabe von LOGO nach jedem der unten angeführten Befehle vorherzusagen! Teste jede einzelne Vorhersage und analysiere die Unterschiede zur tatsächlichen Ausgabe, bevor Du den nächsten Befehl eingibst.

COMMODORE	APPLE
PR "'A BC'	PR"A\ BC
[A BC]	[A BC]
PR [A BC]	PR "A\ BC
PR LAST [A BC]	PR LAST [A BC]
PR LAST "'A BC'	PR LAST "A\ BC

    Hinweis: Die PROCEDUR LAST stellt das letzte Zeichen eines Wortes oder das letzte Element einer LISTE zur Verfügung. LAST arbeitet mit LISTEN, es funktioniert nicht auf Buchstabenebene! Erinnere Dich auch daran, daß das PRINT-(PR-)Kommando die eckigen Klammern entfernt und nur den Inhalt der LISTE anzeigt.

2. Stelle das Wort HALLO in die VARIABLE namens :BALLON und das Wort FLIEGER" in die VARIABLE mit dem Namen :FLUGZEUG. Gib nun folgende Befehlszeile ein, ohne danach die RETURN-Taste zu drücken.

    PR OP WORD :FLUGZEUG :BALLON

    Was wird LOGO nun ausgeben? Schreibe es auf und drücke anschließend die RETURN-Taste.

3. Teste, ob LOGO sich immer richtig verhält. Frage nach, ob das letzte Element einer LISTE wirklich darin enthalten ist. Das notwendige Kommando dazu lautet:

MEMBER? LAST :LIST :LIST

oder

MEMBER P LAST :LIST :LIST

Dazu mußt Du in einer VARIABLEn namens :LIST eine LISTE mit einem beliebigen Inhalt erstellen.

14. Weitere Möglichkeiten mit WORTEN und LISTEN

Dieses Kapitel erklärt folgende Kommandos:

LIST	Zusammenfügen von Eingaben zu LISTEN
FPUT	Übertragen in das erste Element einer LISTE
LPUT	Übertragen in das letzte Element einer LISTE
BUTFIRST	Übergabe aller Elemente außer dem ersten
BUTLAST	Übergabe aller Elemente außer dem letzten
NUMBER?	Zählen von Buchstaben im Wort oder im Element von LISTEN
COUNT	Beenden des Programmes
STOP	Eingabe ganzer Worte oder Sätze
REQUEST	Siehe REQUEST (in APPLE LOGO)
READLIST	

Das REQUEST-Kommando akzeptiert alles, was immer Du auch eingibst, und stellt es als LISTE zur Verfügung. Es wird verwendet, um Worte und Sätze über Bildschirm eingeben zu können. Hier ist ein typisches Beispiel dafür:

```
TO HAUPTSTADT
PR [NENNE DIE HAUPTSTADT VON BAYERN?]
IF REQUEST=[MUENCHEN] PR [RICHTIG] STOP
PR [FALSCH, VERSUCHE ES ERNEUT]
HAUPTSTADT
END
```

Beachte, daß das REQUEST-Kommando mit einer LISTE, die nur aus dem Element [ÄMUENCHENÜ] besteht, gekoppelt ist. Da sich die PROCEDUR HAUPTSTADT selbst aufruft, wenn Du nicht MUENCHEN eingibst, wirst Du aufgefordert, die Eingabe zu wiederholen.
Das Kommando BUTFIRST übergibt Dir alle Buchstaben mit Ausnahme des ersten eines Wortes bzw. alle Elemente mit Ausnahme des ersten einer LISTE:

```
PR BUTFIRST "ABCD
BCD
PR BUTFIRST [A B C D]
[B C D]
```

Mit dem COUNT-Kommando werden die Buchstaben eines Wortes oder die Elemente einer LISTE gezählt (in APPLE LOGO arbeitet COUNT nur mit LISTEN!):

```
PRCOUNT [A BC [D]]
3
PRCOUNT "ABCD'E F'
9
```

Du kannst Dir eine PROCEDUR erstellen, die dasselbe macht wie der COUNT-Befehl:

```
TO ZAEHLE :DING
IF EMPTY? :DING OUTPUT 0
OUTPUT 1 + ZAEHLE BUTFIRST :DING
END
```

Bei Verwendung von APPLE LOGO lautet der Befehl EMPTYP. Diese PROCEDUR ist sehr trickreich, so daß Du sie genauer betrachten solltest. Nehmen wir an, daß wir mit ABC in :DING starten:

```
MAKE "DING "ABC
ZAEHLE
RESULT: 3
```

Beim ersten Aufruf der PROCEDUR ZAEHLE stehen die drei Buchstaben A, B und C in der VARIABLEn :DING. Das EMPTY?-Kommando erstellt eine [ÄFALSEÜ]-Meldung, so daß der Befehl in der nächsten Zeile ausgeführt wird. Das BUT FIRST-Kommando nimmt das Wort ABC, entfernt den ersten Buchstaben, stellt den Rest –BC– in :DING und ruft die PROCEDUR ZAEHLE wieder auf. Da auch beim zweiten Aufruf :DING nicht leer ist, wird B entfernt und ZAEHLE wiederum aufgerufen. Auch jetzt hat ZAEHLE einen Buchstaben in der VARIABLEn :DING, so daß dieses C entfernt und ZAEHLE zum vierten Mal aufgerufen wird. Bis jetzt hatte keine PROCEDUR die Möglichkeit einer Ausgabe. Beim vierten Durchlauf ist :DING jedoch leer, so daß 0 (Null) als Ausgabe an die aufrufende PROCEDUR übergeben wird. In diesem Fall ist dies der frühere Durchlauf von ZAEHLE, der noch immer auf eine Antwort wartet. Sobald diese Null aus dem vierten Lauf von ZAEHLE übergeben wird, wird 1 addiert und an den nächsten Lauf von ZAEHLE weitergegeben, welcher wiederum 1 addiert und nun 2 an den ersten Durchlauf von ZAEHLE weitergibt. Dieser addiert 1 und 2, übergibt 3 und stoppt. Das LIST-Kommando erstellt eine LISTE aus zwei (oder mehreren) Eingaben, indem es die linken und rechten Klammern zusammenfügt:

```
PR LIST [ABC] [A]
PR LIST [ABC] "A
[[ABC] A]
```

Das FPUT-Kommando nimmt die erste Eingabe und überträgt sie in das erste Element der zweiten Eingabe, die eine LISTE sein muß.

```
PRFPUT "ABC [A BC]
[ABC A BC]
PRFPUT [[A] B] [C]
[[[A] B] C]
```

Übungen:

1. Verändere die PROCEDUR HAUPTSTADT so, daß nur drei Versuche möglich sind. Danach wird SCHADE, FRAGE NICHT BEANTWORTET und DER NAECHSTE BITTE ausgegeben und die Frage wieder bis zu dreimal gestellt.
   Hinweis: Diese PROCEDUR ist nicht einfach. Achte besonders darauf, daß der Zähler in dieser rekursiven PROCEDUR bis 3 läuft.

2. Verändere die PROCEDUR HAUPTSTADT so, daß sie 9 Paare (Länder und Hauptstädte) von Begriffen aufweist, die sie bei jedem neuen Aufruf variiert.
   Hinweis: Erstelle zwei LISTEN, von denen eine die Länder, die andere die Hauptstädte aufnimmt. Verwende dazu den ITEM-Befehl und eine Ganzzahl zwischen 1 und 9, um das jeweilige Paar aus der LISTE zu bekommen. Der Rest ist einfach!

3. Zeige, daß die Befehle BUTFIRST, FPUT und FIRST so in eine Kommandozeile gesetzt werden können, daß ihre Kombination in Verbindung mit einem Wort oder mit einer LISTE keine Auswirkung hat. Teste verschiedene Beispiele.

4. Zeige, daß die Befehle BUTLAST, LPUT und LAST so in eine Kommandozeile gesetzt werden können, daß ihre Kombination in Verbindung mit einem Wort oder einer LISTE keine Auswirkung hat.

5. Erstelle eine PROCEDUR, die Worte umdreht. So soll beispielsweise aus der Eingabe ABCD die Ausgabe DCBA entstehen.

6. Verändere die PROCEDUR ZAEHLE so, daß sie rückwärts zählt, also eine negative Zahl ausgibt. Wenn die Anzahl der Durchläufe 5 ist, so soll sie −5 ausgeben. Danach sichere ZAEHLE wieder im normalen Zustand.

7. Verändere die PROCEDUR ZAEHLE so, daß jeweils doppelt gezählt wird. Danach sichere ZAEHLE wieder im normalen Zustand.

15. Geometrische Koordinaten

Dieses Kapitel erklärt folgende Kommandos:

SETX	Setzen der X-Koordinate
SX	Siehe SETX in TI LOGO
SETY	Setzen der Y-Koordinate
SY	Siehe SETY in TI LOGO
SETXY	Setzen der X- und Y-Koordinate
SXY	Siehe SETXY in TI LOGO
SETPOS	Siehe SETXY in APPLE LOGO
SETHEADING (SETH)	Eingabe der Richtung (in Grad)
SH	Siehe SETH in APPLE LOGO
XCOR	Anzeige des Werts der X-Koordinate
YCOR	Anzeige des Werts der Y-Koordinate
HEADING	Anzeige der Richtung (in Grad)

Seitdem Du gelernt hast, Zeichnungen mittels LOGO zu erstellen, hast Du Deinen TURTLE einfach bewegt. Du konntest ihn bisher nur vorwärts oder rückwärts, nach links oder nach rechts laufen lassen.

Immer aber mußtest Du dort starten, wo sich Dein TURTLE gerade befand. Du konntest ihm beispielsweise nur befehlen, fünfzig Schritte nach rechts von der Mitte aus zu gehen oder zwanzig Schritte aufwärts usw. Wenn er sich nicht in der Mitte befand, beendete er seinen Lauf an der falschen Stelle.

Es gibt aber auch eine andere Möglichkeit, ihn auf einen Platz beispielsweise fünfzig Schritte rechts von der Mitte und zwanzig aufwärts zu stellen. Gib folgende Kommandos ein:

SETX 50
SETY 20

Bei Verwendung von TI LOGO lautet der Befehl:

SX 50
SY 20

Du mußt in TI LOGO das Wort SET stets durch den Buchstaben S ersetzen.

Dein TURTLE wird jetzt auf der Position fünfzig Schritte rechts von der Mitte und zwanzig Schritte aufwärts stehen, ganz egal, wo er sich vorher befand.

Jede Stelle, auf die Dein TURTLE gesetzt (positioniert) werden kann, wird durch zwei Zahlen markiert. Die eine Zahl, die X-Koordinate, gibt an, wie weit die Stelle links oder rechts vom Zentrum entfernt ist. Die zweite Zahl, die Y-Koordinate, gibt an, wie weit sich die Stelle oberhalb oder unterhalb vom Zentrum befindet. Gib jetzt die folgenden Befehle ein:

SETX -50
SETY -20

Diese Angabe –50 bedeutet, daß fünfzig Schritte nach links, von der Mitte aus gesehen, zurückzulegen sind, wogegen die Angabe –20 den TURTLE zwanzig Schritte nach unten bewegt. Nun erstelle die beiden folgenden PROCEDURen:

```
       TO ZEILE :LAENGE
       FD :LAENGE
       BK :LAENGE
       END
```

```
TO ACHSE
REPEAT 2 [ZEILE 100 RT 90 ZEILE 150 RT 90]
END
```

Gib nun folgendes Kommando ein:

ACHSE

Jede dieser Linien wird als »Achse« bezeichnet. Die horizontale Linie heißt X-Achse, die vertikale Linie Y-Achse. Sie schneiden sich im Zentrum, im Punkt 0,0.
LOGO verfügt über einen einfachen Befehl, um die beiden X- und Y-Koordinaten auf einmal zu setzen: SETXY (SXY in TI LOGO und SETPOS in APPLE LOGO). Gib die folgenden Beispiele ein:

KRELL/TERRAPIN-Version	APPLE-Version
SETXY 30 15	SETPOS [30 15]
SETXY -50 80	SETPOS [-50 80]
SETXY 14 91	SETPOS [14 91]
SETXY -20 -30	SETPOS [-20 -30]

Die Zeichnung auf Deinem Bildschirm muß wie die Abb. 15.1 aussehen.
Genau wie der soeben erklärte Befehl funktioniert auch das SETHEADING-(SETH-) Kommando. Damit kannst Du

Deinen TURTLE in eine ganz bestimmte Richtung stellen.
Diese Angabe erfolgt in Winkelgraden von oben (Norden),
wie folgendes Beispiel veranschaulicht:

SETH -120

Du kannst nun Deinen TURTLE an jede beliebige Stelle
Deines Bildschirms stellen und in jede beliebige Richtung
drehen. Wie aber kannst Du herausfinden, wo er sich befindet? Dies geschieht mit Hilfe des Kommandos XCOR
(welche ist die X-Koordinate?) und des Kommandos

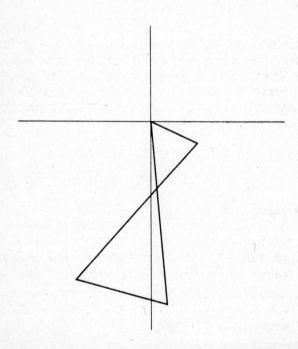

Abb. 15.1: Die Zeichnung wurde mit dem Befehl SETXY
erstellt.

YCOR (welche ist die Y-Koordinate?). Gib nun folgende
Zeilen ein:

```
PRXCOR YCOR
-20
-30
```

Wenn Du die letzten Übungen nicht durchgeführt hast, so wird Dein TURTLE an irgendeiner anderen Stelle stehen. Nun versuche folgendes:

```
PRHEADING
-120
```

HEADING wird Dir eine Zahl zwischen 0 und 360 ausgeben. Diese gibt Dir an, in welche Richtung Dein TURTLE im Augenblick zeigt. Um zu sehen, ob LOGO richtig arbeitet, kannst Du Deinen TURTLE mit den nächsten Kommandos mit der Spitze nach oben in die Mitte des Bildschirms stellen:

```
PR XCOR YCOR HEADING
```

Übungen:

1. Lösche den Bildschirm und stelle Deinen TURTLE auf den Wert 100 der X-Koordinate, auf den Wert −50 der Y-Koordinate und laß ihn sich fortwährend drehen.
2. Lösche den Bildschirm und positioniere Deinen TURTLE auf X = 75, Y = 60. Die Spitze soll nach Nordwesten (links oben) zeigen.
3. Froschhüpfen: Der Start. Zeichne einen Kreis mit dem Radius von 100 Schritten in die Mitte Deines Bildschirms. Jetzt stelle Dir Deinen TURTLE als Frosch vor!

Schreibe nun eine einfache Kommandozeile, die folgendes veranlaßt: Dein Frosch soll sich dreimal drehen, an irgendeine Stelle auf dem Bildschirm springen, sich wiederum drehen und dann stoppen. Wenn Dein Frosch sich außerhalb des Kreises befindet, geht es nun in das Semifinale.

4. Froschhüpfen: Das Semifinale. Jetzt soll Dein Frosch drei Sprünge ausführen, wobei er sich jeweils vor und nach dem letzten Sprung dreimal dreht. Errechne die Weite der Sprünge und laß sie Dir anzeigen. Der Frosch mit der größten Weite hat gewonnen.

   Hinweis: Verwende die Weitenformel, um die Weite eines Sprunges zu ermitteln!

5. Erstelle eine rekursive PROCEDUR, die die Eingabe eines Kennzeichens verlangt. Wenn das Kennzeichen ein U (für »Aufwärts«) ist, dann setze Deinen TURTLE mit dem SET-Kommando auf der Y-Koordinate um 10 hinauf. Wenn ein D (für »Abwärts«) eingegeben wird, subtrahiere 10 von der Y-Koordinate. Bei Eingabe von R (für »Rechts«) setze mit dem SET-Kommando Deinen TURTLE um 10 auf der X-Koordinate weiter nach rechts, bei L (für »Links«) stelle ihn um 10 auf der X-Koordinate nach links (X-Position minus 10). Drehe ihn dabei aber nicht um! Bei Eingabe von Q (für QUITT, »ENDE«) beende alle PROCEDUREn. Viel Spaß!

16. Das Sichern von Zeichnungen

Dieses Kapitel erklärt folgendes Kommando:

SAVEPICT	Sichern von Zeichnungen
READPICT	Einlesen von Zeichnungen

Seitdem Du Dich mit LOGO beschäftigst, hast Du eine Menge von Zeichnungen erstellt. Einige von ihnen sind Dir sicher sehr gut gelungen. Wäre es daher nicht schön, diese Zeichnungen auf einer Diskette zu sichern? Jetzt mußt Du nur noch die gesicherte Zeichnung auf den Bildschirm einlesen. Gut, auch das kannst Du!
Zuerst mußt Du etwas auf den Bildschirm zeichnen. Gib die folgenden PROCEDURen ein und teste jede einzelne von ihnen.

```
TO KURVE
REPEAT 30 [FD 2 RT 2]
END
TO BLATT
REPEAT 3 [KURVE RT 60]
END
TO FAECHER :BLAETTER
REPEAT :BLAETTER [BLATT RT 360/:BLAETTER]
END
```

Wenn Du die PROCEDUR FAECHER ausführst, so wird der Fächer am schönsten, wenn Du ein Vielfaches von 3 (z.B. 3, 6, 9, 12, 15, 18 ...) eingibst. Für die gesicherte Zeichnung nimm den Wert 18. Nun versuche es:

SAVEPICT "FAECH18

Deine Zeichnung ist in einer Datei namens FAECH18 auf der Diskette gesichert. Durch Eingabe des Kommandos DRAW wird der Bildschirm gelöscht. Damit die Zeichnung wieder erscheint, brauchst Du nur das Kommando

READPICT "FAECH18

eingeben.

Dieser Befehl überträgt die Datei FAECH18 auf den Bildschirm. Das ist alles, was zu tun ist.

Hinweis: Die soeben erklärte Version gehört zum KRELL/ TERRAPIN LOGO. Für andere Versionen von LOGO mußt Du Dich in Deinem speziellen Computerhandbuch informieren.

17. Einige lustige PROCEDUREn

Beginne mit einigen einfachen PROCEDUREn. Wie kann man beispielsweise einen Garten auf dem Bildschirm zeichnen? Das ist zwar ein sehr einfaches Problem für LOGO, aber es macht Spaß!
Zuerst mußt Du Dir überlegen, wie Dein Garten aussehen soll. Zunächst benötigst Du Blumen. Die Blumen bestehen aus Blütenblättern und aus einem Stiel. Auch sollten zwei Blätter, die wir wie Blütenblätter aussehen lassen, am Stamm sein. Sowohl Blätter als auch Blütenblätter werden mit zwei Kurven gezeichnet. Definiere jetzt eine PROCEDUR namens KURVE:

```
TO KURVE
REPEAT 15 [FD 2 RT 6]
END
```

Du wirst nun nicht mehr aufgefordert, jede Deiner PROCEDUREn nach der Eingabe zu testen, aber Du solltest es unbedingt machen! (Gib also KURVE ein.)
Dies ist nur ein halbes Blütenblatt! Mit folgenden Kommandos läßt Du ein ganzes entstehen:

```
TO BLATT
REPEAT 2 [KURVE RT 90]
END
```

So sieht es schon besser aus! Bevor Du die Blume zeichnen kannst, benötigst Du einen Blumenstiel:

```
TO STAMM
SETH 180 FD 90
RT 180 FD50
```

```
LT 90 BLATT
RT 90 BLATT
FD 40
END
```

Jetzt wird es schön, aber noch fehlen einige Bestandteile:

```
TO BLUME
STAMM
REPEAT 6 [BLATT RT 360/6]
END
```

Das ist es! Aber es gibt ein kleines Problem: Eine Blume macht noch keinen Garten! Wenn Du mehrere Blumen auf dem Bildschirm zeichnen willst, solltest Du eine PROCEDUR erstellen, die den TURTLE mehrere Schritte nach links oder nach rechts führt, wobei die Spitze immer in dieselbe Richtung zeigt. (Wenn sie nicht in dieselbe Richtung zeigt, wird eine Blume nach oben, eine andere nach rechts und eine dritte nach unten zeigen.) Die folgende PROCEDUR erledigt das für Dich:

```
TO SPRUNG :DIST
PU
RT 90
FD :DIST
LT 90
PD
END
```

Diese PROCEDUR mit dem Namen SPRUNG benötigt eine Eingabe. Sie gibt die Weite (Distanz) in Schritten an, die der TURTLE nach rechts »springen« soll. Wenn Du eine negative Zahl eingibst, dann wird er nach links springen! Alles, was Du jetzt noch zu tun hast, ist, LOGO mitzuteilen, wie es einen Garten zeichnen soll. Du mußt festlegen, wie weit vom Mittelpunkt des Zentrums entfernt die erste Blume gezeichnet werden soll (das ist notwendig, da nicht jeder Bildschirm gleich groß ist!) und wie viele Blumen gezeichnet werden sollen. Die GARTEN-PROCEDUR sieht dann folgendermaßen aus:

```
TO GARTEN :NACH :ZAHL
LOCAL "MOVE
MAKE "MOVE (-2 * :NACH) / (:ZAHL -1)
SPRUNG :NACH
REPEAT :ZAHL [BLUME SPRUNG :MOVE]
END
```

Beachte dabei, daß MOVE hier eine »LOCALE« Variable ist, also nur in der PROCEDUR GARTEN angesprochen werden kann, außerhalb ist sie unbekannt. Wenn Du MOVE nicht LOCAL definierst, wäre sie »GLOBAL«. Das bedeutet, daß sie auch außerhalb der PROCEDUR GARTEN angesprochen werden kann.

Versuche folgende Eingabe:

```
GARTEN 100 3
GARTEN 100 5
GARTEN 120 7
GARTEN 120 10
```

Die letzte Eingabe könnte man auch WALD nennen. Das ist keine schlechte Idee:

```
TO WALD
GARTEN 120 10
END
```

18. Wie es weitergeht!

Wenn es Dir gelungen ist, die in diesem Handbuch enthaltenen Übungen durchzuführen, und Du Freude an der Arbeit mit LOGO gefunden hast, wirst Du sicher noch mehr lernen wollen. Es gibt mittlerweile viele Bücher zu LOGO. Beim Einsatz von LOGO solltest Du aber unbedingt das ganz spezielle Handbuch Deiner LOGO-Version verwenden. Jeder Computer hat seine besonderen Eigenheiten. Für ernsthafte Arbeit muß Dir das Software-Handbuch des jeweiligen Computerherstellers zur Verfügung stehen.

Wenn Du bereits ein fortgeschrittener Programmierer bist, solltest Du ein von Dir geschriebenes Programm in LOGO PROCEDURen umsetzen. Du siehst dann, wie einfach und effizient LOGO ist.

Es gibt viele graphische und sprachliche Probleme, die mit LOGO ideal bearbeitet werden können. Wenn Du beispielsweise andere Kinder etwas lehren möchtest, so kannst Du PROCEDURen erstellen, die das mathematische und sprachliche Wissen prüfen. Diese Projekte sind vor allem für ältere Schüler geeignet, die ihre PROCEDURen an jüngeren Geschwistern testen können.

Für Studenten, die sich für Computer allgemein, für Programmierung, Elektronik und Mathematik interessieren, gibt es viele Probleme, die geradezu darauf warten, mit LOGO erarbeitet zu werden. Flußdiagramme, Werkszeichnungen, Pläne, Funktionsdiagramme und Simulation von physikalischen Problemen sind nur ein kleiner Ausschnitt aus den Möglichkeiten von LOGO.

Du kannst auch Schriftzeichen in Chinesisch, Arabisch oder Hebräisch auf dem Bildschirm darstellen. Jedes dieser Schriftzeichen wird durch eine PROCEDUR erstellt, die alle von einer übergeordneten PROCEDUR gesteuert werden. Wenn Du beispielsweise Chinesisch kannst oder jemand kennst, der es kann, überprüfe, wie viele Zeichen Du definieren kannst, bis Deine Maschine »übergeht«, das heißt kein Platz mehr im Hauptspeicher Deines Computers zur Verfügung steht. Erstelle einige Beispiele in Arabisch und entwickle eine PROCEDUR, die das eingegebene Wort buchstabiert.

Mit LOGO kannst Du musizieren, spielen und anregende Probleme lösen. Um diese Erweiterungen anwenden zu können, mußt Du die notwendigen Handbücher studieren. Dabei solltest Du darauf achten, daß sie zu Deinem speziellen Computer gehören. Auch VIDEO-Spiele sind mit LOGO möglich. Dabei kannst Du JOYSTICKS und Spracheingabe-Kommandos verarbeiten. Mit anderen Worten: LOGO ist eine effiziente und flexible Sprache, die den Ansprüchen des Computerbesitzers im Alltag vollauf genügt.

Goldmann computer compact

Kompetent. Kompakt. Verständlich und verläßlich.

Immer mehr wird der Personal- oder Homecomputer ein nicht mehr wegzudenkendes Hilfsmittel in Haus, Beruf, Schule, Industrie und Verwaltung.
Der Goldmann Verlag vermittelt dem Einsteiger und Fortgeschrittenen in seiner neuen Reihe das Verständnis für die wichtigsten Systeme und Programmiersprachen. Anwendungsbücher, für die jeder Computer-Interessent Verwendung hat!

13113

13114

13115

13116

Joseph Reymann
CP / M
Einführung in das populärste Betriebssystem
Best.-Nr. 13117

Steven Manus
IBM PC
Einführung in System und Betrieb
Best.-Nr. 13118

In Vorbereitung:

Richard G. Peddicord
Commodore 64 Graphics
Einführung und Training
Best.-Nr. 13119
(Dezember '84)

Richard G. Peddicord
Apple Basic
System und Anwendung
Best.-Nr. 13120
(Dezember '84)

Richard G. Peddicord
Apple Graphics
Einführung und Training
Best.-Nr. 13121
(Januar '85)

Richard G. Peddicord
Logo
Einführung in die populärste Lernsprache
Best.-Nr. 13122
(Februar '85)

William Urschel
Wordstar
Einführung in das populärste Programm für Textverarbeitung
Best.-Nr. 13123
(März '85)

Carlton Shrum
Supercalc
Einführung und Training
Best.-Nr. 13124
(April '85)